新版
キリスト伝

THE LIFE OF CHRIST

ジェームズ・M・ストーカー〔著〕
村岡崇光〔訳〕

THE LIFE OF CHRIST

by

JAMES M. STALKER

序

　聖書六十六巻の中心であるイエス・キリストをいかに見るか、いかに考えるか、そして彼に対していかなる態度をとるかによって、その人の運命が決まるといっても決して言いすぎではないと思います。

　したがって、イエス・キリストに関する著書はおびただしく発行され（明治以後の邦語文献の主要なるものだけでも約三百冊にのぼると言われる）、著者はおのおの自分が見、自分が考えるイエス・キリストを言いあらわしていますが、いったいわれわれが人の堅信健徳を祈りつつ確信をもって推薦しうるキリスト伝がいくらあるでしょうか。

　本書の著者J・ストーカー博士（一八四八―一九二七年）は、英国で二十八年間牧師としてはたらき、後に神学校の教授となられた敬虔篤学の方で、十数冊の著述があり、その信仰は聖書と福音的伝統に根拠をおき、とくに個人の霊的経験を強調したことがこの人の特色でありましょう。本書にもそれがにじみ出ており、方法も四福音書間の特色と相違を認めつつもこの四書の価値を同等に認め、これを同等に使用し、四書の調和統一のもとに主のご生涯をみていますので、きわめて聖書に即した、しかも霊的示唆に富むキリスト伝が構成されていることは、一見してあきらかです。

本書は一八八一年に刊行せられ福音的諸教会から歓迎をうけ（一九二二年に版が新しくされましたが）、欧米では今日もなお敬虔なクリスチャンたちに愛読されつづけているとのことです。わが国においても、明治二十五年に足立道衛氏によって訳され、『須氏基督伝』として刊行せられ、明治四十二年に宮崎八百吉氏によって改訳され『基督伝』と題されて刊行せられ、今なお福音的な諸教会の信者たちに愛読されています。これは本書の内容のすばらしさを物語るものではないでしょうか。

聖書の非神話化がとなえられ、聖書はそのまま誤りなき神の言と信ぜられようとしない今日の日本のキリスト教界に、本書のごとき聖書そのものに立脚したキリスト伝が現代訳されて刊行せられたことは、大慶のいたりといわざるを得ません。

一九五九年六月五日

聖契神学校教授　堀川　勇

目次

序　堀川　勇　3
第1章　降誕・幼年時代・青年時代　9
第2章　民族と時代　33
第3章　準備の最終段階　49
第4章　日のあたらなかった年　65
第5章　民衆に支持された年　75
第6章　反対を受けられた年　127
第7章　最　後　155
訳者あとがき　215

第1章　降誕・幼年時代・青年時代

1―5　降誕

6―10　御子を取り巻く人々

7　羊飼いたち

8　シメオンとアンナ

9　博士たち

10　ヘロデ王

11―24　ナザレにおける沈黙の数年

11―14　信頼すべき記録の欠如

15―16　家庭

17―24　教育環境

18　旧約聖書

19　イエスの人格

20　ナザレの景観

21―23　エルサレム訪問

＊

＊

＊

1　降誕――アウグストがローマ帝国に君臨していたころは、彼が指一本触れれば、文明世界のほとんどすべての政治機構を動かすことのできるほどの勢いであった。彼は権勢と富を誇り、その広大な領土の人口と、その収益の登記簿を作成するのを好んだ。そこで彼は、福音書記者ルカが述べているように、「全世界の住民登録をせよ」（ルカ二・一）、あるいは、さらに正確に言えば、将来の課税の基礎資料とするために人民すべての戸口調査をせよという勅令を出した。この勅令の影響をこうむった国の一つにパレスチナがあった。その国王ヘロデは、アウグストの家臣であった。この勅令によって全国民が行き来しはじめた。というのは、その人口調査は、古代ユダヤの慣例により住民の現住地ではなく、最初の十二部族の一員として属している所で行われたからである。

2　はるか遠くローマから発せられたアウグストの勅令のため公道へ駆りたてられた人人の中に、ガリラヤ地方のナザレの村に住む素朴な二人づれがあった。村の大工ヨセフと、その許嫁《いいなずけ》マリヤであった。二人は所定の登記簿に登録するために、約百六十キロも旅をしなければならなかった。二人とも田舎者ではあったが、王家の血筋をひいており、この国のはるか南方ベツレヘムという古い王室の町の出身であったからである。皇帝の意思は、見えざる手のように毎日毎日彼らを苦しい道づたいに南へ南へと追い立てたので、本当に飽きあきする旅だった。そしてついに目ざす町の門へ通ずる、岩のごつごつした坂を登りきった。そのとき、男は不安におののき、女は疲れはてて息も絶えだえという有様であった。やっとのことで宿屋にたどり着いたものの、そこは、自分たちと同じ目的で来た見知らぬ客でごった返していた。戸を開けて親しく二人を迎え入れてくれる家とてなく、やむなく、宿屋の庭の一隅を片づけて、そこに泊めてもらった。そこ以外は、おびただしい数の旅人の馬でいっぱいだったからである。そこで、その夜、マリヤは初子を産んだが、手伝いの女手もなく、赤子用の寝床もないので、母は御子を産着《うぶぎ》にくるみ、馬ぶねにふさせた。

3　以上がイエスの降誕の模様である。著者がある日、中部ドイツのアイスレーベンという市場町の古い宿屋の一室に泊まっていたとき、四世紀前の市の日の騒音と居酒屋の雑踏の最中に、ちょうど私のいたその場所で、たまたまそこに来合わせていた貧しい鉱夫ハンス・ルターの妻が、マリヤのように突然産気づき、宗教改革の英雄であり、また近代ヨーロッパの創始者であるマルティン・ルターを、悲しみと貧窮のうちに産んだという話を聞かされて初めて、このイエスの降誕にまつわる哀愁がせつせつと胸に迫るのを覚えた。

4　翌朝宿屋の庭は、再び騒音と雑踏に包まれた。ベツレヘム市民は仕事に取りかかり、戸籍登録は進んだ。しかし、その間に、世界史上最大の事件が起こっていたのである。われわれはある重大な事件が起こるとき、それがどこから始まるかに気づかない。新しい魂の誕生は神秘であり、多くの可能性を秘めた小箱である。ただヨセフとマリヤだけは、この驚くべき秘密――田舎の出であり、大工の妻である女性に、彼女の民族の救い主、世界の救い主、また、神の子であるお方の母となる光栄が与えられたという、この秘密を知っていた。

5　救い主がここで生まれたもうということは、古くから預言されていた。「ベツレヘム・エフラテよ。あなたはユダの氏族の中で最も小さいものだが、あなたのうちから、わたしのために、イスラエルの支配者になる者が出る」（ミカ五・二）。あの高慢な皇帝の勅令に追い立てられて、この不安におののく二人は道を南へと急いだ。だが、もう一つの別な手が二人を導いていた。それは皇帝や王、政治家や議会の目的より上に位置し、彼ら自身の知らないご自分の計画を達成される神の御手であった。神はパロの心を頑なにし、クロスを奴隷のごとく呼び寄せ、強大なネブカデネザルを召使いとされたと同様に、ご自身の遠大な目的のために、アウグストの傲慢と野望の上を行くことのできるお方であった。

6　御子を取り巻く人々――イエスは生涯の舞台を、このようにつつましく、静かに踏み出されたが、ベツレヘム市民は自分たちのただなかで何が起こったかは夢想だにしなかった。また、ローマ皇帝も、ローマ世界のみならず、まだローマ帝国の鷲印の旗のひるがえったことのない広大な土地をも、やがては支配すべき一人の王の誕生が、彼の勅令の影響を受けたことを知らなかった。そして人類の歴史は、そのとき起こった事件にはまったく気づかず、いつもの関心事をあくせくと追っていた。しかしこの事件は、まったく人の目を逃れたわけではない。主の母マリヤがエリサベツに近寄ってきたとき、胎児がこの高齢の女性の胎内で躍ったように、新しい世界を携えて来られる方が誕生された時にも、過ぎ去りつつある旧世界のさまざまな代表者の中に、この真理への期待と予兆が現れた。敏感で期待に満ちた人々の魂に、ここかしこで、かすかに意識された喜びの戦慄が伝わり、それが人々を御子の揺籃《ようらん》のまわりに引き寄せた。御子を拝するために集まった人たちを見よ!! まさにそれは、これからの彼の全生涯の縮図であった。

7 まず、近くの野から羊飼いたちが訪れた。この世の王公、貴族たちには注目されなかったこの事件が、天使たちにとっては限りなく重大なことであったので、その歓喜を伝え、この重大な出来事の意義を説明するために、身を隠すためにまとっていた覆いを脱ぎ捨てたほどであった。そして、その音信を伝えるに最もふさわしい心の持ち主を求めていたとき、天使たちは、それをこの純真素朴な羊飼いたちの中に見いだした。この人たちは、かつてヤコブが羊の群れを飼い、ボアズとルツが結ばれ、また偉大な旧約聖書の人ダビデが青年時代を過ごしたゆかりの野で、思索と祈りの生活を送っていた。ここで彼らは、天的な奥義とみずからの心の必要を学び、神殿の宗教的虚飾の中にいるパリサイ人や、見る目を持たずに旧約聖書の預言をあさっている学者たちよりも、来たるべき救い主について はるかに多くを学んでいた。御使いに救い主の居所を教えられた彼らは、神の御子を捜しに町へ急いだ。羊飼いたちは庶民の代表者であり、「正直で善良な心」の持ち主であった。後日のイエスの弟子の多くは、このような人たちの中から出た。

8　次はシメオンとアンナである。二人は敬虔にして、聡明な聖書の研究者を代表しており、そのころメシヤの出現を待ち望んでいた。そして後には、この種の人々から主の最も忠実な数人の弟子が出ることになった。誕生後八日日に御子は割礼を受けられ、こうして「律法のもとにある者となり」、契約に入り、その民の名簿にご自分の名をみずからの血で記された。その後まもなく、マリヤの潔めの日が終わると、御子をベツレヘムからエルサレムへ携えて行き、宮で彼を主にささげた。それは「上の宮に入られる宮の主」であったからである。しかしここを訪れる者の中で、この二人ほど宮の祭司たちの注意をひかない者もいなかった。それもそのはずで、普通こういう場合にはいけにえを供えるのだが、マリヤはその代わりに、貧しい者の供え物である山鳩二羽をささげるのが精いっぱいだった。しかし、このとき、この世のみせかけやきらびやかさに眩惑《げんわく》されず、この様子をじっと見つめている二つの目があった。御子の貧しさも、この目から隠れることはできなかった。シメオンという老聖徒は、多くの祈りが答えられて、メシヤを見るまでは死なないという約束をひそかに受けていたが、この親子に会ったその時、突然、このお方こそその人だということが、稲妻のように頭にひらめいた。彼は直ちに御子を抱きあげ、異邦人を照らす光の来臨と、神の民イスラエルの栄光を思って神を讃美した。彼がなお語っていると、もう一人の証人がこれに加わった。それはアンナという徳の高い寡婦である。アンナは文字どおり主の宮に住み、彼女の霊の眼《まなこ》は、預言的洞察力をもって感覚のヴェールを透徹するまでに、祈りと断食という薬草で潔《きよ》められていた。彼女は自分の証しを老聖徒の讃美に合わせて神を讃え、イスラエルの贖いを待望し、うずうずしていた他の人たちに、この偉大な秘義を証しした。

9　羊飼いたちとこの年老いた聖徒たちとは、この新しい力が世界に入った所の近くにいた。しかし主の到来は、はるか遠くにいた敏感な魂をも震わせた。御子が東方の博士たちの来訪を受けられたのは、おそらく神殿における献児式の後であり、またナザレへ戻らないで、とどまるつもりでいたベツレヘムへ両親が御子を連れ帰った後であろう。彼らは古代ペルシャの僧族、学者階級に属し、ユーフラテス川の向こうの国々の科学、哲学、医術、および宗教の奥義を身につけた人たちであった。タキトゥス、スエトニウスおよびヨセフスは、彼ら博士たちのいた地方で、そのころ、一人の偉大な王がユダヤに起こるという「期待」が広まっていたという。また、われわれは偉大な天文学者ケプラーの計算から、ちょうどこの時、燦然《さんぜん》と輝く新星が天に現れたことを知っている。このペルシャの博士らは熱心な占星学者で、天の異常な現象は、地上における何か異常な出来事の前兆であると信じていた。そこで、彼らの注意が熱心にそそがれたこの星を、古い歴史家たちが言及している「期待」に結びつけて、それが成就したか否かを見極めるために西方へ導かれて行ったのかもしれない。しかし、彼らの心の中には、さらに激しい欲求が目覚めていたに違いない。神はそれに応えられたのである。彼らが、科学的好奇心と推測をもって探求しはじめたとき、神はそれを完全な真理へと導かれたのである。神はいつもそうされる。不完全な者に難しいことをくどくどと言う代わりに、たといそれが神の言わんとしておられることを不完全にしか表現できなくとも、われわれの理解できる言葉で話しかけ、それによってわれわれを全き真理へ導かれるのである。神が天文学へ導くために占星学を、化学へ導くために錬金術を用いられ、また文芸復興が宗教改革に先立ったように、この人たちの知識は半ば誤謬と迷信であったが、それをも用いて、彼らを世の光へと導かれたのである。彼らの来訪は、やがて異邦人世界が神の教えと救いとをいかに讃え、その富と才能、科学と哲学をいかに主のみもとにささげるかを予示していた。

10 この人たちはいずれも、聖なる御子を拝するために、御子の揺籃《ようらん》の周囲に集まった。羊飼いは素朴な驚きの念を抱いて、シメオンとアンナは幾世紀もの間に蓄えられた知恵と敬虔に満ちた敬意を表して、博士たちは東方の贈り物と異邦人の知識の卒直さを携えて集まった。しかし、これら善良な礼拝者たちが御子を見守っている折しも、一つの不吉な、血なまぐさい顔が、彼らの肩越しに現れた。それはヘロデの顔だった。この君主は当時、ダビデとマカベア朝の王位である、その国の王位についていた。しかし彼は他国人で、生まれの卑しい略奪者だった。領民からは嫌われていたヘロデが王位を保っていられたのは、ただローマの好意によるものだった。彼は有能な、野心家肌の、豪奢な人間だった。しかし、読者が東洋の暴君の中を探せば、きっと出会う、残忍で、奸智《かんち》にたけ、陰うつで醜悪な男だった。そしてあらゆる罪を犯していた。自分の愛妻、三人の息子、その他多くの親族を殺害し、その宮殿は血に染まっていた。しかし今や年老い、病弱、自責の念、不人気に心を悩ませていた。自分が奪い取った王位がだれかに狙われていはしないかと思うと、いいしれない恐怖に襲われるのだった。博士たちの足は、東方で見た予兆の示すお方がどこでお生まれになるかを尋ねるために、自然に都へ向かった。彼らの暗示的質問は、ヘロデの最も痛いところを突いた。しかし、彼は極悪な偽善を装って自分の疑念を隠した。メシヤがベツレヘムに生まれることを祭司たちから聞いて、そこへ、その来訪者たちを差し向けた。しかし、わかったら戻って来て、その新しい王のいる家を教えるように仕組んでおくことを忘れなかった。彼はその幼児を一刀のもとに殺害しようと思った。だが、まんまと裏をかかれた。博士らは途中で神の御告げを受けたので、ヘロデのところへ報告に戻ることをやめて、別な道から故国へ帰った。このことを知った彼は烈火のごとく怒り、兵をやって、ベツレヘム市内の二歳以下の子どもをことごとく殺させた。彼が神のご目的の鎖を断ち切ろうとするのは、金剛石の山を真っ二つに切ろうとするに等しい試みであった。「彼は刀を巣に突き刺したが、中の鳥は飛び去っていた」。ヨセフは御子を連れてエジプトへ逃がれ、ヘロデが死ぬまでそこにとどまり、ヘロデの死とともにナザレへ帰って、そこに住んだ。なぜナザレへ帰ったかというと、ベツレヘムには、父と同じく血に飢えかわいたヘロデの息子アケラオがいて、そこの政治をとっているため、避けるようにとの御告げを受けたからである。この幼子をにらんでいるヘロデの殺意に満ちた顔は、この世の勢力が、どのようにして彼を迫害し、その命を地上より断とうとしているかを示す、悲しい予言であった。

11　ナザレにおける沈黙の数年――この時までの記録は、すでに見たように比較的豊富である。しかし、エジプトからの帰還後ナザレに住まれるようになってからは、われわれの知識はそこで突然切れ、イエスの残りの生涯の上には、公生涯が始まるまで厚いヴェールがかけられる。しかしただ一度だけ、そのヴェールははがされる。彼の少年時代と青年時代を、前と同じく詳しく話し続けてもらいたいとは、だれしも願うところであろう。現代の伝記物の中で、主人公の少年時代のことを述べた逸話ほどおもしろい箇所はないものである。それは、その部分にこそ、その人の将来の生涯の性格と計画が、縮図のように、魅惑的なまでに単純な形で見られることが多いからである。その間のイエスの生活、習慣、交友関係、思想、言行などが教えてもらえるのだったら、いくらでも払いたい。逸話という、たった一輪の花が隠された花園の壁越しに外へ投げ出されたが、その花は実に美しく、庭そのものを見たいという強烈な願望をおぼえさせる。しかし、そのまま高い柵を立てておくことを神はよしとされた。神の沈黙はその御言葉に劣らず、すばらしい。

12　神が沈黙を守り、かつ人の好奇心が強いとき、人の想像力がその空所を埋めようと試みるのは自然である。したがって、初期の教会には外典福音書なるものが現れ、霊感を受けた福音書に記述していない箇所を、詳細に述べているように見せかける。それは、特にイエスの子ども時代の言行を詳しく記している。だがそれは、そのような主題を取り扱うには、人間の想像力がいかに不釣り合いであったかを示すだけであり、また真の福音書の光輝とそれらの外典の軽薄さとが対照される結果、かえって聖書の叙述の確実性、真実性が明らかにされる。それらの外典によると、主は粘土をこねて鳥を造り、それを飛ばしたり、遊び友だちを子山羊に変えたりする愚にもつかない、無用な奇跡をなさったとされている。一口で言えば、それは無価値な、またしばしば冒瀆的でさえある寓話の寄せ集めである。

13　これらの奇態な失敗は、われわれが空想にかられて、神聖な場所に踏み込んではならないことを警告している。イエスが心身共に成長され、神と人の寵愛を受けられたことを知るだけで十分である。彼はどこまでも人の子であり、青年であり、自然の成長の全過程を経られたのであって、その点普通の人と変わるところはなかった。心身共に成長し、一方で男らしい活力に溢れ、他方では、さらに深い、広い知識と力とを身につけていかれた。彼の解放的なご性格は、接する人をしてその善良さと清純さに驚嘆させ、愛せずにはおかない美しさを見せていた。

14　しかし、ここでわれわれの空想をほしいままにすることは禁じられてはいるものの、全くそうするなというのではなく、当時の風俗習慣や、彼の若い時代に関連した後の事件などから得られる信頼できる資料を用いて、福音書の叙述が再び伝記の糸を取り上げる時と幼少時代とをつなぐことは、われわれの務めでさえある。このようにして、イエスが少年として、また青年としてどういう人であられたか、またその記録の得られない期間に、どのような影響を受けながら成長されたかなどについて、少なくともある程度には正しくつかむことができる。

15　われわれは、イエスがどのような家庭環境の中に育たれたかを知っている。彼のご家庭はその国の栄誉である家庭のひとつであり、われわれの中の大部分の者と同じ、敬虔で聡明な労働者階級の家庭であった。家長のヨセフは賢い、聖い人だったが、彼のことがキリストの後の生涯に出てこないという事実は、イエスの青年時代に他界し、おそらく家族の世話をイエスの肩に託して去ってしまったことを示すものと、一般に信じられてきた。

外的には、母親が最も決定的な感化をイエスの成長に及ぼした。その人となりは、彼女が女性としての最高の名誉を与えられて、世界の全女性の中から選ばれたという事実から推察されよう。マリヤが自分に定められた重大な運命を唄った歌は、彼女が信仰のあつい、きわめて熱情的な詩人であり、また愛国心に富む女性で、聖書研究者、なかでも聖書に出てくる偉大な女性の研究者であったこと――なぜなら、その賛歌には旧約的な考えが染み込んでおり、ハンナの歌にかたどられているから――また、非常に謙遜ではあるが、自分に授けられた名誉の尊さをよく理解しうる人であったことを示している。彼女は迷信によって戯画化された、あの奇跡的な天の女王ではなく、非常に清純な、聖い、愛らしい、高尚な精神を備えた女性だった。後光はこれだけで十分である。イエスは彼女の愛を受けて成長し、その愛に応えるに情熱的な愛をもってされた。

16　ほかにも、この家庭にはまだ家族がいた。それは兄弟姉妹であった。その中の二人、ヤコブとユダが書いた手紙が聖書の中に残っていて、そこから彼らの性格が読みとれる。その書簡の厳しい口調からして、彼らがまだ信仰を持っていなかった時には、多少乱暴な、非情なところがあったと考えても不敬にはあたるまい。とにかく、彼らはイエスの存命中には彼を信じなかった。そして、ナザレでイエスと親しい仲であったということは疑わしい。たぶん主は多くの場合、孤独であったであろう。自分の郷里や自分の家庭でなおざりにされない預言者はいない、という彼の言葉（「預言者が尊敬されないのは、自分の郷里、家族の間だけです」〔マタイ一三・五七〕）にこもっている悲哀は、おそらく公生涯が始まる前のころを回顧されたためであろう。

17　イエスは家庭において、あるいは村の会堂付きの学者から教育を受けられた。しかしそれは、貧乏人の受ける教育にすぎなかった。学者たちが軽蔑して言ったとおり、彼は学問をされたことはなかったし、われわれがいう学校出でもなかった。確かにそうである。だが、その心の中には早くから知識に対する渇望が目ざめていた。彼は日々、深い、楽しい思索の喜びを味わわれた。知識を開く一切の鍵の中の、最上の鍵を持っておられた――それは、すべてのものに向かって開放された心と親愛の心である。そしてイエスの前には、いつも、聖書と人間と自然という三冊の貴重な本が開かれていた。

18　イエスがどんなに旧約聖書を愛読されたかは容易に察せられるし、また彼の話が旧約聖書からの引用に富んでいるということは、その書が絶えず彼の心の糧となり、魂の慰めとなっていたことを雄弁に物語っている。後日、彼が説教の内容を豊富にするために、また、教えを力強く打ち出して反対者を退け、悪魔の誘惑に打ち勝つために、いかにそれを巧みに用いられたか、その秘密は若いころの旧約聖書の研究にあったのである。イエスの引用しておられる所から見て、旧約聖書を、当時一般に使用されていたギリシャ語訳ではなくて、原語のヘブル語で読まれたことが知られる。ヘブル語はパレスチナにおいてさえ死語となっていた。* それは、ラテン語が今日、イタリアで死語となっているのと同じである。それでもなお、そのままの原語で読みたいと思われたのであろう。高等普通教育を受けずに、幾多の苦難をなめつつも、新約聖書を原文で読むためにギリシャ語をマスターされた人であれば、主が田舎の一寒村でどのようにして古代の古語をものにされたか、また、常々どんなにか感動に胸を打ち震わせつつ、会堂の巻き物や、自分で持っておられたと思われる写本を食い入るような眼でご覧になっていたか、そのさまを一番よくわかっていただけると思う。彼が親しく話され、思考された言葉はアラム語といって、ヘブル語と同系統の言語である。記録された彼の言葉の中に、たとえば、「タリタ、クミ」（マルコ五・四一）とか「エリ、エリ、レマ、サバクタニ」（マタイ二七・四六）といったようなアラム語の断片が残っている。「異邦人のガリラヤ」（マタイ四・一五）には、そのころギリシャ語を話す人が多数住んでいたから、スコットランド高地生まれの少年が英語を学ぶ機会があるように、彼にもギリシャ語を学ぶ機会があっただろう。こういうわけで、イエスは三つの言語に習熟しておられたに違いない。ひとつは、世界の主な宗教語で、彼はその文学に深い造詣を有しておられた。またひとつは、これまでに知られている言語としては、宗教とは特に関係ない、普通の思想を表現するのに最も完全な言語であった。といっても、彼がギリシャ文学の傑作に通じておられたという証拠があるわけではない。残りのひとつは、彼が特に説教の対象とされた一般大衆の言語であった。

＊ストーカーの時代と違い、今日では、イエス・キリストの時代の聖地では、アラム語だけでなく、ヘブル語もまだ日常生活でかなりの程度まで話され、使われていたと考えられている。（訳者）

19　人間性を知るのに、田舎の村ほど適切な所はそう多くない。そこへ行けば各個人の生活の全体が見られ、すべての隣人を熟知することができる。町だと、多くの人に会えはするけれど、親しくなれる人の数は限られている。目に見えるのは生活の外側だけである。村では見るものは少ないが、人生の問題は深く掘り下げて考察でき、目を上に向ければ無限の可能性がある。あのナタナエルの有名な「ナザレから何の良いものが出るだろう」（ヨハネ一・四六）という言葉からもわかるように、ナザレは、だれもが知っているとおり、決して名誉な町ではなかった。イエスの魂にはひとかけらの罪もなかったけれども、自分が一生の問題として取り組むはずの恐ろしい問題を、この村であらゆる角度から観察することができた。彼は仕事の関係で、人間性とさらに緊密な交渉を持たれるようになった。主がヨセフの仕事場で大工仕事をされたということには、疑問の余地はない。イエスの説教を聞いて驚きのあまり、「この人は大工の息子ではありませんか」（マタイ一三・五五）と問うた町の人以上に、だれがこのことを知っているだろう。神の御子が人の中にお宿りになったとき、神が御子のために、よりにもよって一労働者としての運命を定められたということのなかには、測り知ることのできない意義が隠されているように思われる。これによって、庶民の労働に永遠の名誉ある地位が与えられた。それはイエスが庶民の気持ちを理解し、人の心の中にあるものを知る助けとなった。後日、彼はだれからも教えてもらう必要のないほど、このことをよく知っていると言われるようになった。

20　旅行者の話によると、主の故郷は地上で最も美しい所の一つに数えられるとか。ナザレは、ゼブルンの山々にはさまれた、引っ込んだ、椀状の谷間に位置していて、その山はちょうどナザレのあたりで低くなり、エスドラエロンの平野へと続き、その平野とナザレの村とを、岩のごつごつした険しい道がつないでいる。壁にぴったり這《は》ったぶどうの蔓《つる》に覆われた白塗りの家々が、オリーブやいちじく、オレンジやざくろの木の繁茂した庭や小森の間に見え隠れしている。畑はサボテンの垣根でしきられ、色とりどりの無数の花で彩られている。村の背後には高さ百六十メートル余りの丘があり、その頂上に立った時の眺望は絶妙といわれる。北のほうにはガリラヤの山々と、その上にそそり立つ雪をいただいたヘルモン山がそびえ、西のほうにはカルメルの峰、ツロの海岸、地中海の燦然《さんぜん》たる海原があり、数キロ東には、大木の茂るまつかさ状のタボル山がその雄姿を見せ、はるか南のほうにはエフライムの山々を後にひかえたエスドラエロンの野が目に入る。主はいかに深く自然の美の香気を吸っておられたか、またいかに深く、移りゆく四季の景色を楽しまれたか、それは彼の説教に十分うかがわれる。主のたとえや説教の中にふんだんに盛り込まれている美しい表現は、主が若いころ、この野をさまよっておられるときに蓄えられたものであろう。後日、祈って夜を明かすために山頂に退く習慣を身につけられたときも、その祈りの場所はこの丘の上だった。その説教に含まれている教えは、その場の思いつきではなかったのであって、時に至れば、それらは生きた流れとなって溢れ出たが、その水は過去何年間も隠れた井戸の中にためられてあったものなのである。この野や山腹で数年間、楽しく、また何者にも妨げられることなく冥想し、祈っておられたその間に、これらの思想は生み出されたのである。

21　重要な教育上の影響の中で、もう一つ触れておかなくてはならないことがある。イエスが十二歳になられてからは、両親といっしょにエルサレムの過越の祭りへ行かれるのが、毎年のならいであった。幸い、その最初の訪問の記録が残っている。そのとき、ただ一度だけ、三十年の沈黙のヴェールが取り除かれたのである。故郷の村から、生まれて初めて上京した時のことを記憶している方ならば、イエスが家を出られる時の喜びと興奮が十分おわかりいただけると思う。旅程は百三十キロ余りであったが、そのうちのどこの一キロをとってみても、歴史的な名所旧跡が並んでいた。一年中の最大の宗教行事に対する宗教的熱心さに動かされて、途中次第に数を増してゆく巡礼者の群れに加わって、主は旅を続けられた。目的地は、かつて他のどの都に対しても示されたことのない熱愛をもって、全ユダヤ人から慕われている都であったし、彼の胸中の興味と感情の、最も深い泉に触れるのにふさわしい事物や記念物の無数にある都。その都は過越の祭りのころになると、さまざまの言語を使い、色とりどりの衣装に身をこらした、五十余りの国から上京してきた人々でたいへんな賑わいだった。イエスは生まれて初めて、祖国愛をかきたてられるような神聖な歴史上の事件の数々を思い出させる、古式ゆたかな儀式に参加された。見るもの聞くもの、ことごとくもの珍しく、すっかり興奮してしまわれたために、帰る日になって、しめしあわせてあった時と場所とで、同郷の連れの人たちと落ち合うことができなかったとしても、なんの不思議もなかった。なかでも特に一か所、彼の関心をひきつける所があった。それは宮、とくにその中の、博識な教師たちが教授にあたっている学校だった。この教師たちに尋ねてみようという質問が、次から次へと浮かんできた。主の知識に対する渇望は、この時初めて、飽くほどまでにいやされる機会を得た。一日北へ歩いてしまった後で、ようやく彼がいないのに気づいて、心配して捜しに引き返してきた両親が、当代一流の学者の話を感激した面持ちで聞いておられるイエスの姿を見つけたのは、この宮の庭だった。母マリヤの咎めるような問いに対する返事は、幼い主の心のうちをあらわに示していて、一瞬間ではあるが、ナザレの野であどけない主の心をとらえていた思いの一端をうかがい知るよすがともなろう。それは、まだそんなに年若くあられたのに、霊的には、すでに一般の凡人より抜きん出ておられたことを教えている。たいがいの人が、人生の意義とか目的とは何かという問いは一度も発することなく、一生を無意味に終えてしまうのに比べれば、格段の差がある。彼は自分には神に定められた仕事があり、それを成し遂げることだけが自分の一生のつとめだということを自覚しておられた。イエスは以後ずっと、この目的を達成するために全力を注がれた。これこそだれにとっても、その生涯における最初で最後の目的でなくてはならない。このような主の決意は、その言葉の端ばしに、しばしばうかがわれるが、その生涯の最後の瞬間に発せられたあの有名な「完了」（ヨハネ一九・三〇）という言葉として結晶したのである。

22　イエスは、ご自分がメシヤであることを初めから意識しておられたかどうか、また意識しておられなかったとすれば、いつ、どのようにして、そのような意識が彼の心の中に芽生えてきたか、あるいは、それは母から自分の誕生の時の話を聞いて思いつかれたのか、それとも彼自身の内側から自然に湧き上がってきたのかといったようなことが、いままでにもたびたび問題にされた。それは、忽然として明らかになってきたのか、それともだんだん明らかになってきたのか。伝道の当初から躊躇することなく実行された一生の計画は、いつイエスの心の中に形づくられたのか。それは何年かの思索の後でゆっくりとできあがったのか、あるいは瞬間的に心に浮かんできたのか。こういった問題は、偉大なキリスト教徒たちの心をとらえ、また種々な解答を生んだ。私はあえて、これらの問題に答えるつもりはない。特にいま問題にしている母マリヤに対する彼の返事を思うとき、イエスがこの世界で果たすべく自分に与えられた任務が何であるかを知っておられなかった時期があったなどと考えることさえ、私にはできない。

23 それ以後の何回かのエルサレム訪問は、彼の精神的成長に大きく影響したに違いない。もしそれ以後何回も宮の学校の教師たちの話を聞き、質問しに行かれたならば、彼らの評判の学問がいかに浅薄なものであるかに、すぐ気づかれたであろう。イエスが当時の宗教の底なしの堕落と、教えと実践の両面からの根本的改革の必要を感じられ、やがて聖なる激しい憤りに燃えて、攻撃の矛を向けられるようになった人物や習慣に目をつけられたのは、たぶんこの年ごとの訪問の時だったのだろう。

24 イエスの成人期から成熟期への移行の時の外的状況は、あらまし上述のとおりである。そういった状況が彼の成長に与えたかもしれない影響を誇張して考えようと思えば、それは容易なことである。その人の性格がすぐれていて、ユニークであればあるほど、それだけ周囲の特異性に影響される度合いは小さくなる。そのような性格は、それ自体の内部にある深い泉から養われるのであって、その胚種の中には、それ自身の法則に従って拡大し、環境を超越していく、ある原型が潜んでいる。イエスが他のどんな環境に置かれたにしても、本質的には、ナザレの環境の中で育ったと変わりない人間に成長されたであろう。

第2章　民族と時代

25―26　マラキとマタイとの中間期
27　ユダヤの政情
28―38　宗教的、社会的状況
28―29　外面の敬虔と内面の腐敗　30　パリサイ人　31　学者
32　サドカイ派とヘロデ党　33　他の階層の人々
35―38　メシヤ待望

＊　　＊　　＊

25　いよいよ、イエスがナザレにおける三十年間の長い沈黙と暗闇を破って、晴れの舞台に登場される時が近づいた。したがって、ここでは彼の活動の舞台となる国の状況をひととおり概観し、またその性格と目的とをはっきりと理解しておくことが必要であろう。すぐれた伝記とは、それ以前に存在していたすべてのものと異なった何ものかをもたらす、ある新しい力が世界に入ってくる過程、そしてその力が未来の一部となろうとして、古いものと漸次結合していく過程を記録したものである。そこで、これを理解するには、明らかに二つのことが要求される。一つは、この新しい力それ自体についての明確な理解であり、もう一つはその力が入り込もうとしている世界の状況の把握である。後者なくしては、前者の持つ独創的な面も理解できないし、社会がそれに対してどのように対応したか――たとえば、歓迎とか、反対とか――も理解できない。イエスという人は、かつて世にあったどの人よりも独特のもの、また人類の未来の歴史を変える運命を担ったものを携えて来られた。しかしながら、イエスが一生を送られた社会の状態についての明確な概念を欠いたのでは、イエスご自身も、また彼が持ってこられた賜物を世界の歴史に組み込もうとして遭遇された運命をも、理解することはできない。

26　彼の生涯の活動舞台――旧約聖書の最後の章を読み終わって、ページをめくって新約聖書の第一章に目を転じるとき、われわれはややもすると、マラキ書の中に見たと同じ社会、同じ状況の中にあると考えがちであるが、これほど誤った考えはない。マラキとマタイの間には四世紀の隔たりがあり、これだけの時間が経過すれば、どこの国でも生じたであろうと同じような大きな変化がパレスチナにおいても起こっていた。国語も変わったし、もしマラキが死人の中から生き返ったとしたら、これが祖国かと見まごうような習慣、思潮、党派、制度などができあがっていた。

27　政治的には、この国は異常な変動を経た。捕囚後、国民は大祭司たちの下に一種の神政国家として組織された。しかし、後から後から押し寄せてきた征服者は、この国を通過し、あらゆるものを変えてしまった。一時は古い世襲君主政治が、勇敢なマカベアの手によって復活した。独立戦争も何回かあり、勝ったかと思えば、次には敗れるという状態が続いた。そこへ、一人の略奪者がダビデの王位についた。それからついに、このユダヤの国は、全文明世界の上に支配をふるう強大なローマの勢力下に完全に屈してしまった。この帝国はいくつかの小さな属州に分割されていた。われわれが現在インドを治めているように、それらの属州をローマから来た外国人が統治していた。ガリラヤとペレアは、イエスが誕生されたころは、あのヘロデを父とする第二級の王たちの統治下にあったが、彼らはローマ皇帝に完全に頭を押さえられていた。ユダヤは、シリアというローマの州の長官の家来である一ローマ官憲の配下にあった。ローマの軍隊がエルサレムの市街を行進し、この国の要塞の上には、ローマの軍旗がはためき、どこの町の入口にも、ローマの取税人がすわっていた。ユダヤ最高の政治機闘であるサンヒドリン（七十人議会）に対しては、ほんのしるしばかりの権限が与えられていただけで、その会議の主宰者たる大祭司も単なるローマの傀儡《かいらい》にすぎなかったので、その進退は完全に本家のローマの気紛れ次第であった。世界統治を理想に掲げ、その愛国主義は、宗教的民族的熱情であり、かつてどこの国で燃えたものにも劣らぬほど強烈不滅のものであったが、その誇り高い国民も、いまはこれほどまでに落ちぶれていたのである。

28　宗教上の変化も、政治上のそれと同じように大きく、かつ堕落も同様にはなはだしかった。しかし外見上は、退歩でなくて進歩があったかに見えた。この当時のユダヤ民族は、歴史上かつてなかったほど正統的であった。かつてのおもな危険は偶像崇拝であったが、バビロン捕囚で折檻を受けてからは、そういった傾向は永久に矯正され、それ以来ユダヤ人はどこに住もうとも、断固として唯一神論の立場をとった。バビロンからの帰還後、祭司階級とその職務には徹底的な改革が行われ、神殿の儀式と年ごとの祭りは厳格なまでに規則正しく、エルサレムで祝われた。さらに、新しくきわめて重要な宗教上の制度がつくられ、そのために祭司階級を中心とする神殿は影が薄くなった。それはラビのいる会堂という制度であった。その制度は古代には全然なかったようであるが、捕囚後、神の言葉に対する畏敬の念から生まれたようである。ユダヤ人のいる所どこでも、会堂は増加した。安息日にはいつも、祈っている会衆で満員だった。難しいヘブル語の解釈のために必要となった新しい階級であるラビが、そこで説教した。そして旧約聖書のほとんど全部が、一年に一回、会衆の前で朗読された。今日の神学塾に似た神学校がおこって、そこでラビが教育を受け、聖書の解釈がなされた。

29　しかし、このように外面的には立派な宗教があったのに、悲しいかな、信仰は地に堕ちていった。外面的なことは次から次へと増し加えられていったが、内面の精神は消失していた。古い歴史を誇るこの国民は、過去のある時期には、たいへんな罪を犯したけれども、そのような最悪の時期にあってさえ、人生の理想を高く掲げ、祖国と天との密接な関係を維持する高貴な信仰の偉人を輩出した。そして、霊感を受けた預言者の声によって、真理の清流は保たれた。だがこの四百年というもの、預言者の声は聞かれなかった。古い預言者の記録は、まるで偶像のように大事にされ、保存されてきたけれども、聖霊が以前に書かれたものを理解するに必要なだけの御霊の感動を受けた人がいなかった。

30　当時の代表的宗教人はパリサイ人だった。彼らは、その名が示すように、元来ユダヤ民族は他民族とはっきり区別すべしと主張する集団としておこった。敬虔が彼らの強調する特性である間は、これは結構な主義であったが、この特性を守ることは、衣服、食物、話し方などの外面的区別を維持するよりはるかに困難であって、時がたつにつれて、上述のような外面的なものが、前者にとって代わるようになった。パリサイ人は、熱烈な愛国主義者で、祖国の独立のためならいつでも喜んで命を投げ出す覚悟でいたし、他国による支配はこれをひどく嫌った。彼らは他民族をさげすみ、憎み、祖国の輝かしい未来を必死になって信じ、それにかじりついていた。しかし、あまりにも長くこのような思いに取りつかれてきたために、ただアブラハムの子孫であるというだけで、自分たちは天国では優等生であると信じ、天国に入るためには、人柄が重要だということを忘れるようになった。彼らはユダヤ人にしかできないようなことを次から次へとつくり出していったけれども、神に対する愛と人に対する愛という一つの大きな特性を、断食・祈禱・十分の一税の納入・身体を洗うこと・いけにえをささげることなどという外面的慣例・儀式でごまかした。

31　大部分の聖書学者は、パリサイ派に属していて、聖書の解釈者および筆写人であり、また一般市民の法律家でもあったので、「律法学者」の名があった。ユダヤの法律は聖書に書き記されていたから、法律学は神学の一部門をなしていた。男子の礼拝者なら、だれでも会衆に向かって話すことを許されていたけれども、ふつうの場合にはこの学者たちが会堂における主な聖書解釈者だった。彼らは聖書に対して無限の敬意の念をいだき、その中にある言葉と文字を一つもらさず勘定した。そうして、旧約聖書の宗教的原理を人々の間に広め、その中に出てくる英雄たちの輝かしい模範を示し、また預言者の言葉を広く伝える絶好の機会を与えられていた。会堂制度は、いままで人間が考え出したものとしては、最も効果的な教育制度であった。しかし、律法学者たちは完全に機会を逸してしまった。無味乾燥な教職者、学者階級になりさがってしまって、自分の立場をまったく自己本位の勢力拡張の具に用い、民衆にはパンの代わりに石を与え、そして下等な、無学な賤民だとして一般の人々を軽蔑した。聖書の中で最も霊的で、生き生きしていて、人間的ですばらしいところは、いっさい、そのまま見過ごしてしまうのだった。彼らの中の有名人の注解書は年々増えていった。そして学生たちは、聖書原文の代わりにそういった注解書を学んだ。そのうえ、ある節に対する正しい解釈は聖書の原文それ自体と等しい権威があるということが、彼らの信念であった。著名な先生の解釈は、当然正しいものと信じられていたから、聖書そのものと同じくらい貴重なものと主張され、こうした学者の意見は膨大な量にのぼった。これを聖書では「昔の人の言い伝え」(「先祖からの伝承」〔ガラテヤ一・一四〕)と言っている。だんだん勝手な解釈方法がはやるようになって、どのような意見でも、このようにして聖書のある句と関係づけて、神の権威を与えられた。パリサイ人の慣習で、新しく考え出されたものは、すべてこうして是認された。そうしているうちに、このような規則はどんどん増えていって、ついには個人・家庭・社会および公的生活の細部まで規定するようになった。あまりその数が多くなったので、全部を学ぶのには一生を要するほどであった。そういった規則に精通し、偉いラビの意見とその解釈方法を心得ていれば、ひとかどの学者として通用した。彼らはこんなくだらない糧を、会堂に集まった人々に与えていたのである。無知な民衆の良心は、こまごました、やかましい規定を負わされ、その規定はどれも、モーセの十戒と同じように神によって認められているのだと信じ込まされた。ペテロはこれを、彼も彼の祖先も負いきれなかったくびきであると言った。これはまた、パウロの良心にも長くのしかかっていた恐ろしい悪夢だった。しかし、そこからさらに悪い結果が生じた。儀式的なものが道徳的なものと同じ位置にまでのしあがってくると、きまって後者がやがて見えなくなってしまうというのが、歴史上の法則である。学者やパリサイ人は、自分に都合のいい注釈を下し、論弁を弄して、最も重要な道徳的義務を言いまぎらし、その穴埋めとして儀式上の習慣を増やすことを実にうまくやってのけた。こうして人々は、一方では利己主義、みだらな感情をほしいままにしていながら、他方では敬虔を自慢して見栄をはっていることができたのである。社会はその内部において悪徳に染まり、外部においては、自己欺瞞的宗教で飾られていた。

32　一方、これを不満とする一派もあった。サドカイ人は、祖先の伝統に執着している権威者たちを非難し、聖書へ戻ることを要求し、聖書以外の何ものをも要求せず、儀式の代わりに、声を大にして道義の高揚を叫んだ。しかしその抗議は単に否定のための否定であって、それに代わる熱烈な信念をもっていなかった。サドカイ人たちは懐疑的で、冷淡で、世俗的であった。道義を讃えはするものの、その道義は、最高の道徳を動かす神の力の宿っているあの高い所との接触によって暖められることもなく、啓発されることもない、そういった道義であった。彼らはパリサイ人のように、きつい、儀式ばった重荷を自分の良心に負わせることを拒んだが、それは快楽と放縦の生活を願っていたからである。彼らはパリサイ派の人々の排他主義を嘲笑したが、その国民の性格・信仰・希望における最も特徴的なものは見逃してしまった。異邦人とも自由に交流し、ギリシャ文化を好み、外国流の娯楽を楽しみ、祖国の自由のために戦うことなどは無用なことと思った。サドカイ人の中でも、極端な派はヘロデ党といい、ヘロデの略奪を黙認して、要領よくおべっかを使い、ヘロデの息子たちに取りいっていた。

33　サドカイ人はおもに上流富裕階級に属し、パリサイ人と学者は、中流階級とでも言うべきものを構成していた。もっともその中の多くの者が、世の高位高官の出であった。下層階級と地方の人々、それと裕福な人々との間には大きな隔たりがあったが、前者はパリサイ人を高く評価し、その味方になっていた。無教育な人々は得てして快適な側につくのである。こういった階層の下に、宗教とか、秩序ある社会生活とかいうものとは没交渉な人々からなる、ひとつの大きな集団があった。それは取税人であり、遊女であり、罪人であったが、この人たちの魂のことは、だれひとりかまってくれなかった。

34　だいたい、これが当時の社会のあわれむべき様相であったが、このような社会をイエスは改革しようとしておられたのである——罪の奴隷になった国をである。上流階級の者は、利己主義、ご機嫌取り、懐疑に終始し、教師や第一流の宗教家は、単なる儀式の外観のみにとらわれて、自分は神の寵子であるなどと豪語しながら、魂は自己欺瞞と不道徳とによって、知らず知らず腐敗していったのである。そして一般民衆は、誤った考えによって誤ったほうへ導かれ、社会の底辺では、罪が公然と、なんの憚《はばか》りもなくのし歩いていた。

35　これでも神の選民であろうか。彼らは堕落しきっていたが、それでもアブラハムの子、イサクの子、ヤコブの子、神の契約と約束を嗣《つ》ぐ者には違いなかった。腐敗しきった数世紀をさらにさかのぼってみると、かの族長たち、神の御心にかなった王たち、詩人、預言者、信仰と希望に生きた人々の姿がそびえていた。そして前方には、偉大さも横たわっていた。神の言葉、それはひとたび天より送られて、預言者の口によって伝えられるや、神のところへいたずらに戻ってくることはない。神は言われた。この民に対して神の完全な啓示が与えられ、この民の中に人間の完全な理想像が現れ、この民から全人類の再創造は始まる、と。そのため、この国にはいまもなお、輝かしい将来が約束されていたのである。ユダヤ民族の歴史の流れはせき止められて、砂漠の中にいまは消えていたが、それはいつかは再現し、神の定めたもうた道を流れるべく定められていた。預言が成就される時は近づいていた。上述のようなこの国の状態を考察するとき、たとい希望がもてそうになかったとしてもである。モーセ以後のすべての預言者が、来たるべき一人の偉大な人物について語ってきたではないか。その人物は、暗黒がその極みに達し、堕落が最もはなはだしい、ちょうどその時に出現して、失われた過去の栄光を回復する方であると語ったのではなかったか。

36　この疲弊し堕落しきった時代にあって、このように自問してみる忠実な人は少なくなかった。最悪の時にも立派な人はあるものだ。自己本位の、退廃しきったユダヤ人の中にすら、善良な人々はいた。しかしそのような時代には、特に卑しい家庭に敬虔が見いだされる。また現在のローマ教会内で、人の魂とキリストの間に置かれたあらゆる儀式を通り越してキリストに到達し、霊的直感を働かして真理をとらえ、偽物を捨てる人があることを期待してもよいのと同じように、パレスチナの庶民の間にも、会堂で朗読される聖書を聞いたり、また自分の家で読んだりして、学者たちの煩雑な、長ったらしいお談義を直感的に無視して、過去の栄光、聖なる栄光、神の栄光——学者たちが見落としたもの——を見ることのできる人々がいた。

37　そのような霊をもった人々がとくに関心を寄せたのは、救い主の約束に対してであった。自国民の奴隷状態の恥、時代の空虚さ、社会の表面下で悪臭を放つ恐るべき不義を痛切に感じた彼らは、来たるべきメシヤの来臨と、輝かしい国民性の回復を慕い求め、また祈った。

38　学者たちも、熱心に聖書中のこの点の研究にあたった。メシヤ待望はパリサイ人のおもな特徴のひとつであった。しかし彼らは、その預言を勝手な解釈によって戯画化し、世俗的な想像から借りてきた色彩によってその未来を塗りつぶした。主の来臨は神の国の到来であると説き、メシヤは神の子であると教えていたが、パリサイ人たちがこのメシヤに期待していたことは、奇跡を行い、強大な軍事力によって国民を奴隷状態から解放して、最高の世俗的な繁栄をもたらしてくれることだった。自分たちが選民であるというそれだけの理由で、自分たちは神の国で高位を与えられることを疑わず、その王を迎えるには彼ら自身の内部で、ある精神的、霊的変化が起こることが必要であるなどとは思ってもみなかった。輝かしい昔の精神的要素である聖と愛は、彼らの心の中では、目をくらますような物質的繁栄の陰に隠れてしまっていた。パレスチナ以外の世界の状態について述べる必要はないと思う。イエスが携えてこられた賜物は全人類への贈り物ではあったが、イエスの活動範囲は、ほとんどイスラエルの家に限られていたからである。初代教会の歴史だとか、パウロ伝を問題にするならば、地中海を取り巻く全文明地域に視野を拡大する必要があろう。それ以来、幾度か所をかえた当時の世界の中心が、そこに位置づけられるからである。またそのような問題を論ずるにあたっては、次のような点も考察することが必要であろう。すなわち、ユダヤ人が全文明国に離散したことによって、キリスト教を受け入れるのに必要な神に関する基本概念が、不思議な方法によって、あらかじめ世界各地にあまねく浸透し、アレクサンドロス大王の世界征覇によってギリシャ語が世界共通語となり、それによってすべての国へ福音を伝達する手段が備えられ、そのため道路がローマ帝国によって建設され、その軍事組織によって各国間の交通が可能となったこと。わけても、古代宗教や哲学の腐敗と、各地における古い理想の衰退、吐き気をもよおすほどの罪の蔓延によって、世界が全人類の願望の的である一人の救済者を迎える準備がされていた、ということである。

39　以上、国家の運命を決すべき時がまさに到来しようとしていた時の、ユダヤ民族の歴史的背景を述べた。それは救い主キリストの前に置かれている任務に特殊な複雑さを加えた。もしユダヤ民族の歴史が正しく進んでいたなら、キリストが来臨された時には、国民は彼の先駆者である古《いにしえ》の預言者たちの理念に満ち、そのビジョンによって感動を受けていたものと期待できたであろう。そうすればキリストはその預言者の先頭に立って、国民から熱狂的な、強力な支援を得られたことであろう。だが事実はそうではなかった。キリストは民がいつしか理想を失って、最も崇高な特性を戯画化してしまっていた時にお現れになった。彼が当面された現実は、神聖さにおいて熟し、他のすべての国民を祝福するという神の定められた仕事のためにささげられている民――そういう民だったら、イエスがそのわざを完成し、精神的な意味での世界征服を成し遂げられるのも容易であったろうが――そうではなくて、その最初の仕事は、自国民の改革を唱え、幾世紀もの堕落の歴史によって積もりに積もった偏見という敵に立ち向かうということだった。

第3章　準備の最終段階

40—53 最後の準備

40—43 静かなる成長

44—49 イエスの受洗

45 バプテスマのヨハネ　**46—48** イエスの受洗　**49** 聖霊くだる

50—53 試誘

（付記）

54—55 イエスの公的伝道の時代的区分

＊　＊　＊

40 多くの人がそれぞれに待ち望んでいたお方は、彼らの中におられた。けれども人々は、そのようなことは夢想だにしなかった。自分たちが心の中で考え、祈っている人が、遠く離れた、見くびられたナザレの一大工の家庭で成長しておられるなどとは、思いも及ばなかった。しかしそれは事実であった。イエスの思索は、現実の事実の上に立って、過去の預言や、自分の前に置かれた膨大な仕事を把握することに集中された。その眼は、国の前途に注がれていた。その胸は、同胞の罪と恥辱に張り裂けんばかりに痛んだ。彼は自己の内部に、その遠大な計画を完成するに必要な強い力が動くのを感じられた。そして出て行って、内なる思いを語り、自分に与えられた仕事を成し遂げたいという願いが、もはや抑えがたいほどになった。

41　一生の仕事を完成するのに与えられた期間は、わずか三年だった。われわれ凡人の三年間が、いかに早く過ぎ去り、その終わりにあたって、見るべきものがいかに少ないかを思うとき、この人物の大きさと品性がなんと比類のないものであり、その生涯の計画に見られる調和と強烈さが、どのように驚くべき短時日の間に、世界の人々に、深い、不朽の感銘を与え、人類に真理と感化という遺産を残さしめたのだということが、容易に理解されるであろう。

42　一般に認められているように、イエスが公に姿を現されたときには、その心の中にある思想は完全に発達し、整えられ、性格はその全面にわたって完全に明確な形をとり、その意図は、ためらうことなく目的地に向かって前進してゆく態勢が整っていた。三年間、最初の線からはずれたことは一度もなかった。それは公の仕事の始まる前の三十年間に、彼の思想、性格、意図が、あらゆる過程を経て完全の域に達していたからである。ナザレでの生活の外観はとくにこれといってぱっとしたようなところはなかったが、その裏には、厳しい、変化に富んだ、輝かしい生活があった。その沈黙と無名の生活の陰で、成長の全過程が進行してゆき、それがやがて麗わしい花となり、実となって現れ、あらゆる時代の人たちが驚異の眼差しで振り返って見るものとなった。準備は長く続いた。自分の力を自由自在に駆使できる人にとっては、まったくの沈黙と待機の三十年間は千年にも思えた。後日、イエスの言動にうかがわれる威厳ある慎みほど、その偉大さを特徴づけているものはない。これもナザレで学ばれたものだった。そこで彼は、準備完了の時が報ぜられるのをじっと待たれた。その定められた時の来るまでは、何ものも彼の心を動かすことはできなかった。激しく抗議して、当時のはなはだしい堕落と誤謬の中に飛び込んで憤りをぶちまけたいという欲求に胸を焼かれ、人々に祝福を与えたいという闘いに胸は高鳴ろうとも、イエスの心は動かなかった。

43 だがついに、大工道具をなげうち、職人服を脱ぎ捨てて、わが家と愛するナザレの盆地に別れを告げる時が来た。しかしまだ、すべてが用意できていたのではなかった。人格もひそかに、あのように気高く成長していたけれども、与えられた仕事を完成するには何ものかが欠けていた。またその思想や計画も熟してはいたが、しばし試みの火の中で鍛えられることが必要だった。つまり受洗と誘惑という二つの事件が、最後の準備として必要であった。

44　受洗――イエスはなんの予告もせずに、ナザレの暗がりから、この民の前に現れたのではなかった。イエスの仕事は、それに手をつけられる前から始まっていたと言えよう。

45　救い主メシヤの声を聞く前に、民は久しくとだえていた預言の声を聞かねばならなかった。ユダヤの荒野に宣教者が現れた。そしてこの人は、会堂にいる生気を失った学者たちの考えているような人ではなく、人のご機嫌をうかがい、口の達者なエルサレムの先生方のようでもなく、ぶしつけとも思える、ごっつい人で、人の心に直接に訴えるような話し方をし、そこには自分が霊感を受けていることを確信している人の権威がある、という知らせが国中に伝わった。彼は生粋のナザレ人だった。数年間を砂漠に過ごし、己れを友として死海の寂しい岸辺をさまよった。昔の預言者の用いた毛の衣をまとい、腰に皮の帯をしていた。そしてその禁欲的な厳格さは、荒野にいるイナゴと野蜜よりほかの食物を求めなかった。しかし彼は世の中をよく知っていた。当時のあらゆる罪悪、宗教家たちの偽善、大衆の腐敗を熟知していた。人の心を探り、人の良心をゆすぶるすばらしい能力をもっていて、なんの恐れもなく、あらゆる階層の人の心をとらえて放さない罪をあばきだした。中でも人の注目をひき、国中のユダヤ人の心をふるいたたせたのは、彼のメッセージだった。それは、救い主メシヤはまさに近づいておられ、御国を建設せんとしておられるという、ものすごい内容だった。エルサレム中の人が皆、彼のところへ押しかけ、パリサイ人は熱心にメシヤの知らせに耳を傾け、あの冷淡で無関心なサドカイ人さえも、一時は心を動かされた。あちこちのローマの領土から、何千という人が彼の説教を聞こうと集まって来て、イスラエルの贖いを切望し、かつ祈っていた各地に散在する人々が、この人の感動的な約束にあずかろうとぞくぞく集まって来た。しかしヨハネは、もうひとつのメッセージをもっていた。そしてそれは、人によってそれぞれ異なった感情を起こさせたのである。ヨハネは、われわれはメシヤを迎える準備がまだ十分できていない、と聴衆に語らなくてはならなかった。また、「自分たちがアブラハムの子孫であるという、それだけでは神の国へ入るには不十分である。私が語っている国は義と聖の国であって、キリストが真っ先にされることは、このような資格をもっていない人をことごとく、農夫が箕《み》でもみを吹き分け、ぶどう園の農夫が実を結ばない木を切り捨てるように、除くことである」とも語らねばならなかった。それゆえ彼は全国民に、あらゆる階層の人、あらゆる個人に、時がある間に悔い改めることを求め、それが新時代の祝福を受けるのに欠くことのできない準備であると説いた。この内面的な心の変化を表す外面的な象徴として、ヨハネの説くところを受けて信じた人には、ヨルダン川で洗礼を授けた。多くの人が畏怖と希望とに心を動かされて、その儀式にあずかったが、それより多くの人が自分の罪を暴露されたことに激怒し、怒りと不信のうちに離れ去った。この中にはヨハネが特に厳しく当たったパリサイ人も数えられたが、彼らは自分たちが非常に重く見ているアブラハムとの血のつながりを、あまりにも軽く扱われたことに対して深く憤った。

46　ある日、この洗礼志願の聴衆の中に、特別ヨハネの注意をひく人が現れた。そのために、国内の最高の教師や祭司を痛烈な言葉で責めている時でさえ、つっかえたことのないその声が自己不信のためか、いくらか震えていた。説教が終わって、その人が受洗志願者の中に交じって出て来られたとき、ヨハネはあとずさりした。ほかの人にはだれかれと躊躇することなく施してきた洗礼も、この人はそれを受けるような人ではなく、また自分にはそれを授ける権利もないと感じたのである。この人の顔には、岩のように頑固なヨハネですら、自分の無価値さと罪を気づかせるような、威厳と清純さと平安さとがみなぎっていた。それは、ナザレの仕事場からまっすぐここへ来られたイエスであった。二人の家族は親戚関係にあり、二人の生涯の間のつながりは彼らの誕生前に預言されていたけれども、ヨハネとイエスは、それ以前には会ったことがなかったようである。それは、二人の家がガリラヤとユダヤとに離れていたこともあるし、またこの洗礼者の特異な習慣に関係していたからであろう。しかしヨハネは、イエスの命令に従ってバプテスマを施したとき、この未知の人から受けた、人を圧するような印象の意味するものが何であるかを知ったのである。というのは、神から教えられたように、自分がその先駆者となっている救い主メシヤを認めることのできるようなしるしが、このバプテスマに伴ったからである。イエスが祈りの姿勢で水から上がってこられたとき、聖霊が彼の上にくだり、あたりを圧するような神の声があって、「これはわたしの愛する子である」と宣言した。

47 ヨハネがイエスのご様子を直接に見て受けた印象は、イエスがその仕事に着手しようとしておられた時のその容貌と、ナザレでゆっくりと成熟してきた性格の特質とをよく表していて、くだくだ述べたてる必要はない。

48 洗礼そのものが、イエスにとっては重要な意義をもっていた。これを受けた他の人には、それは二重の意味をもっていた。ひとつは古い罪との訣別を意味し、他のひとつは新しい救い主の時代へ入ることを意味していた。しかしイエスの場合には、それによって、自分はユダヤ人のひとりであることを表明し、民が清められる必要があることを表すのにこの方法をとられたという以外に、この洗礼には、前者のような意味のあり得ようはずがなかった。それは、彼もこの戸をくぐってご自身が創造せんとしておられる新しい時代へ入りつつあられることを意味した。それは、イエスがナザレでの仕事を捨てて、定められた特別の仕事に身をささげる時が到来したとご自身が感じられたことを示している。

49　しかし彼に聖霊がくだったことは、もっと重要であった。これは無意味な見せびらかしでも、単にバプテスマのヨハネへの合図でもなかった。彼の今後の仕事に必要な力を与え、たぐい稀《まれ》な彼の資質の長い間の発達の最後を飾るために、そのときに与えられた特別の賜物を象徴している。イエスの人格が初めから終わりまで聖霊に依存していたということは、しばしば忘れられがちである。このようなことは、彼の人間性と神性とが結びついていたのだから、不必要であったと考えがちだけれども、実際にはそれどころか、その結びつきは、それを一層必要ならしめたのである。なぜなら、イエスの神性が力を発揮するためには、その人間性は最高の力を賦与され、同時に、その力を絶えず用いつつ保たれていなければならないからである。イエスの言葉のもつ知恵と優雅、人の心を見抜く超自然的な力、行われた数多くの奇跡は、彼の神性のためであるとするのが普通の考えである⑾

しかし福音書では、それは終始一貫聖霊に帰せられている。このことは、それらがイエスの神性と無関係であったというのではなく、そういった特性があらわになったとき、その人間性が聖霊という特殊な賜物によって、彼の神性の器として機能することができたということを意味する。この賜物は洗礼の時に与えられた。これは、イザヤやエレミヤのような預言者たちがみずから書き記しているように、彼が公の活動を開始するように促された時に聖霊を受けたのに似ており、またこれから働きを始めようとする聖職者が、按手礼式の時に、いまでもときどき与えられる同じ力が特別現れたりするのに似ている。しかしイエスにはそれが限りなく与えられたが、他の者には、つねにほどほどにしか与えられなかった。そして彼の場合には、とくに奇跡を行う力が含まれていた。

50　試誘——この新しい賜物を受けてすぐに生まれた結果は、程度の差こそあれ、仕事をなすために、この同じ御霊の賜物を受けた人が、しばしば経験したものである。イエスの全身全霊は自分の使命を思うとき、すっかり興奮し、その事業にたずさわりたいという欲求は最高度にまで達し、それをいかにして達成するかということで頭はいっぱいだった。それに対する用意は長年にわたって続けられてきたし、その全精神が長い間それに集中されて、計画は確定していた。しかしやはり、その仕事をすぐに開始せよとの神の命令があって、それを遂行するのに必要な超自然的な力を受けたことを突然に感じられたとき、彼の心が、次から次へと浮かんでくるさまざまな思いや気持ちの嵐に巻き込まれ、もう一度現在置かれている状況を熟考するためにひとりになれる場所を求められたのは、当然のことであった。そこでイエスは急いでヨルダン川の岸を離れ、聖書によれば、いま与えられたばかりの聖霊によって荒野へ導かれ、そこで四十日間、砂丘や荒涼たる山中をさまよわれたが、その間、絶え間なく去来する感情や思いに極度に緊張して、食することすら忘れられたくらいだった。

51　しかしながらわれわれは、この四十日間に、彼の魂の中で恐るべき葛藤が展開されていたことを知るとき、ただ驚き恐れるばかりである。イエスはサタンに試みられたと書かれてある。そのように神聖な時に、いったいどのような点で試みられたのであろうか。これを理解するには、これまでに述べてきたこととの中で、ユダヤ民族の状態と、とくに彼らが抱いていたメシヤ待望の性格をもう一度頭に描いてみなくてはならない。人々はある一人のメシヤが現れて、めざましい奇跡を行い、エルサレムを中心とする大世界帝国を築くことを期待していた。義だとか聖さだとかは二の次にされていた。王国についての神的概念とはおおよそ逆であった。神的概念は、物質的、政治的なことはまずおいて、霊的なこと、精神的なことを第一にした。ところで、イエスは何をするように誘われたかというと、父から任された大事業を遂行するにあたっては、ある程度、こういった一般の期待に応えよということだった。彼は、もし自分がそうしないならば、国民は失望し、不信と怒りの中に自分から離れ去っていくことをもちろん予見しておられた。いろいろな試みが与えられたけれども、そのいずれも、この中心的なことがさまざまに形を変えたものにすぎなかった。石をパンに変えて飢えを満たせという試誘は、イエスが与えられた奇跡を行う力を、神が意図しておられるより下等な目的のために用いさせようという試みであった。後日群衆が、自分たちが信ずることのできるようにしるしを示せとか、十字架を降りよとか要求したのもこれと同類である。宮の頂上から飛びおりよとの誘惑は、たぶん、不思議を求める低俗な欲求を満足させよという試みであろう。メシヤは突然、しかも不思議な方法で——たとえば宮の屋根から、下に群がっている群衆の真中へ飛込むなどして——現れるということが一般に信じられていた。第三の、そして最大の試みは、悪の権化たるサタンを拝むことによって全世界を獲得させようというものであるが、これは明らかに、巨大な経済力の上に築かれた未来のユダヤ国家という夢への服従の象徴にすぎなかった。このような誘惑は、神の働き人ならだれしも、事が遅々として進まないのに飽きてくるころに、しばしば経験するし、また善良なまじめな人でさえも、時にはそれに負かされてしまうことがある。内面からでなく外面から始め、最初一見いかにも宗教的で立派な殻をかぶせておいて、後で中味を詰めこもうとするのである。それはマホメットが、後に彼が信心深い人にしあげようとした人々を従わせるのに剣を用いて陥ったあの誘惑であり、またイエズス会の人たちが、異教徒に洗礼を施しておいて、それから福音を教えるという方法をとった時に負けた誘惑であった。

52　こういう試誘がイエスの聖い魂に触れたかと思うと、本当に恐ろしくなる。神に対して不信を抱き、そのうえ悪魔を拝むなどという試誘が、イエスにあり得ただろうか。きっとそれは、弱々しい波が岩にぶつかって、散り散りに砕けてひいていくのと同じように、跳ね飛ばされたに違いない。しかしこの試誘はこの時だけでなく、以前もナザレの盆地で、また後日生涯の危機に際して、幾度か迫ってきたのである。試練に遭うことは罪ではなく、試練に負けることが罪であるということを、われわれは銘記しておかなければならない。魂が清ければ清いほど、試誘の針先がその胸に食い込もうとするときの痛みは、それだけ激しさを増す。

53　誘惑者は、一時はイエスを離れ去ったものの、これは決定的な戦いであった。誘惑者は完敗をこうむり、その力の芯を折られた。ミルトンは著書『復楽園』（*Paradise Regained*）をこの点で閉じることによって、このことを示している。イエスは一生の計画を携えて荒野を出られたが、それはずっと前に形づくられ、いま試練の火の中で錬られたものに違いない。後の生涯の中で、計画を遂行していかれるときの、あの決意の堅さほど顕著なものはない。他の人は、非常な大事業を成し遂げた人でさえも、時として明確な計画をもたずに、事態の進展につれてたどるべき道を見いだしていったというにすぎないのであって、その目的は、なにか事があると変わり、他人の忠告を受けては変わった。しかしイエスは仕上がった計画を手にして始められ、ちょっとといえども、脇道にそれることはなされなかった。公敵からの火のような反対があっても初志を貫かれたように、母や筆頭の弟子がそのご計画に干渉したりすると、断固としてそれを退けられた。イエスのご計画とは、政治的武器や財力を頼まず、ただ愛と真理の力とをもって、各人の心の中に神の国を建設することであった。

（付記）イエスの公的伝道の時代区分

54　イエスの公的伝道は、一般には三年間であったとされている。その三年間のどの年にも特色があった。まず第一年目は、日のあたらなかった年と呼ぶことができよう。それは次の二つの理由による。すなわち、その時期について現存する記録がはなはだ少ないということ、およびその間に、彼はゆっくりと一般の注目を浴びるようになられたのである、ということである。その年の大部分はユダヤで過ごされた。第二年目は民衆の支持を受けられた年であり、そのときイエスの存在は国中に知られ、彼の活動は活発に行われ、その名声は国中四方八方に響きわたった。その年はほとんど全部ガリラヤでの生活だった。第三年目は反対のあった年で、この年には、人気は日ごとに衰え、敵は数を増し、その攻撃はいよいよ執拗さを加え、ついには、彼はその憎悪の犠牲となって倒れられたのである。この最後の年の前半六か月はガリラヤで、残りの後半六か月は他の所で過ごされた。

55　このように救い主キリストの生涯は、外面的には多くの改革者や人類の恩人のそれに似ていた。そのような人の生涯は、まず民衆が、自分たちの中にいる新しい人の存在に気づきはじめ、次に彼の教えや改革が人気の波に乗り、最後に反動をもって終わるのが常である。すなわち、それまで彼の攻撃を受けてきた古い偏見や利害が、いまやその攻撃を振りきって、おまけに人民の激情に味方を得て、激怒して彼を打ちのめすというのである[1]。

第4章　日のあたらなかった年

57 最初の弟子たち
58 最初の奇跡
59 宮潔《みやきよ》め
60 ニコデモ
61—65 この期の記録が乏しい理由

＊　＊　＊

56 この年について現存する記録は極端に少なく、わずか二、三の出来事を記すにとどまる。それらはイエスの将来の仕事の、一種のプログラムをなしているので、ここにとりあげてみよう。

57 四十日間の誘惑を経て、あの恐ろしい戦いによって固められた未来の計画を手にし、またバプテスマの感激新たに、イエスは荒野を出て来られた。そして再びヨルダンの岸辺に姿を現されたとき、ヨハネは彼を指して、これまでに話してきた自分の偉大な後継者はその弟子だと言った。ヨハネは、とくに自分の弟子中の選り抜きの者何人かをイエスに引き合わせたが、その弟子たちはすぐイエスに従った。たぶんこの中の最初の人は、後にイエスの愛弟子となり、世界の人々にイエスの性格と生涯とを最も神的に描写する人となるべき人ではなかったかと思われる。福音書記者ヨハネはこの最初の会見と、その後の会見とについての記録を残しており、その中で、彼の強い感受性がキリストの威厳と清純さから受けた印象を生き生きと書き記している。同じ時にイエスに従った若い人々には、アンデレ、ペテロ、ピリポ、ナタナエルもいた。彼らはバプテスマのヨハネとの交わりによって、この新しい人を主人として迎える用意ができていた。そして後に彼らがしたように、職業を捨ててまで従うということをすぐにはしなかったが、この最初の会見によって、彼らの後の全生涯を決定する印象を受けた。ヨハネの弟子がみんないっしょに、すぐキリストの弟子になったのではないと思う。しかしその中の最も優秀な者は、すぐに弟子となった。そうしているうちに、ヨハネの前に邪魔者が現れて、彼の勢力が他の人（イエス）に奪われつつあることを示し、その心に妬《ねた》みを起こさせようと努めた。ただほんのわずかしか彼らはこの偉大なヨハネを理解していなかった。彼の偉大さは、その謙遜にあったのに。だから、自分が衰えて、キリストが栄えることは、自分の喜びとするところであり、花婿として花嫁を家へ導いていくのはキリストであって、自分はただ花婿の友人であり、したがって自分の幸福は、友人の花婿の頭にお祝いの喜びの冠がのせられるのを見るにある、と答えた。

58 新たに従った弟子たちを連れて、イエスはヨハネの活動の舞台を去り、北のほうのガリラヤのカナへ出向き、あらかじめ招待を受けておられた結婚式に出席された。ここで初めて、前に与えられた奇跡の力を発揮して、水をぶどう酒に変えられた。それは、新しい弟子たちのために特に意図された、彼の栄光の顕示であった。弟子たちはこの時から、イエスを信ずるようになった。すなわち、彼がメシヤであるとの確信を得た。それには、彼の伝道の目的が、バプテスマのヨハネのそれとはまったく異なったものであることを示そうという意図も含まれていた。ヨハネは禁欲的隠遁者で、俗界を遠く離れ、聴衆を荒野へ呼び出した。しかしイエスは、人々の炉辺へ良き音信をもってこられた。イエスは人々の日常生活の中にとけこみ、彼らの命の水をぶどう酒に変えるにも似たすばらしい変革を、彼らの中に起こそうとしている人であった。

59 この奇跡の直後、イエスは過越の祭りに参加するため再びユダヤに戻り、商売道具を境内に持ち込んで家畜を売ったり、両替をしたりする者を追い出して、そのころの歓喜に満ちた自身の熱情的な気持ちを鮮やかに示された。この人たちは、外国から持ってくることのできない供え物のいけにえを参詣人に売ったり、神殿に納める税金のために外国の貨幣とユダヤ貨幣を両替したりして、礼拝のためエルサレムに上京してきた客の用立てをするという口実の下に冒瀆的な商売を許可されていた。だが敬虔そうな口実をもって始められたことは、礼拝をはなはだしく妨害し、神が異邦人の改宗者に許された宮の中の場所から、その改宗者たちを追い出すという結果に終わった。おそらくイエスは、以前エルサレムに来たときに、この恥ずべき光景をしばしば目に留めて憤激されたことであろうが、いま、自分に施されたバプテスマの預言者的熱心さから、怒りをぶちまけられた。イエスが受洗を申し出られたとき、ヨハネを驚かしたあの抑えようとして抑えがたい清純と尊厳の同じ表情を見たとき、この卑しい人々は手が出なかった。そして並みいる者たちは、王をも人民をもひるませた昔の預言者たちの容貌を思い浮かべた。これは、当時の宗教上の腐敗に対する改革の第一弾であった。

60　祭りの間、彼はほかにも奇跡を行われた。それは、各地から押し寄せてきた巡礼者たちの話題をにぎわした。そのひとつの結果として、ある晩、イエスの宿へ一人の高貴な、真剣な求道者が訪ねて来た。イエスは、自分が建設するためにやって来た新しい国の性格について、またその国に入るための条件について、ヨハネの福音書三章にあるようなすばらしい話をされた。国民の指導者の一人が、非常に謙遜にイエスに近づいて来たということは、何か希望のもてるしるしであるかのように思われたが、ニコデモはメシヤの力が首都エルサレムで初めて示されたとき、深い有望な印象を受けたただ一人の人であった。

61 イエスの最初の歩みも、ここまではっきりとたどってくることができるが、この点において、最初はあれほど詳しい記述を残していながら、第一年目の伝道について、われわれの知るところは、はたと行き詰まる。そして「イエスご自身はバプテスマを授けておられたのではなく、弟子たちであったが」(ヨハネ四・二)とあることからわかるように、彼がユダヤでバプテスマを施しておられたということと、「イエスがヨハネよりも弟子を多くつくって、バプテスマを授けてい」た(ヨハネ四・一)ということ以外には、続く八か月間のことは皆目わからない。

62 この空白は何を意味するのだろう。いまあげたような詳細な記事が出てくるのは、第四福音書だけであることにも注意しなくてはならない。共観福音書の著者たちは、第一年の伝道の箇所をまったく省いてガリラヤ伝道から書き始め、それ以前にユダヤで伝道が行われたと書くだけで、簡単にすましている。

63 これを完全に説明することはきわめて困難であるが、福音書が書かれた時分には、この年の事件はまだ不完全にしか知られていなかったと考えるのが、最も妥当ではなかろうか。イエスがまだ一般の人の注目をひいておられなかったころの事柄の詳細よりも、国内で騒がれる人物になられたときのことのほうを共観福音書の記者たちがよく記憶していた、ということは、しごくもっともなことである。しかし、記者たちは、イエスの生涯が終わりに近づくまで、ユダヤでの出来事にはほとんど注意を払っていない。イエスの何回かの南部への訪問の記事は、ほとんどヨハネに負うものである。

64　しかし、共観福音書記者はどうであれ、少なくともヨハネは、八か月の間に起こった出来事に無知であることはできなかった。普通あまり注意されていないが、イエスが一時的に授洗者の仕事をなさったという、ヨハネが伝えている事実を注意してみると、その理由が納得されるであろう。イエスはご自分の弟子たちの手によって、バプテスマを施した。それでヨハネより多くの人をひきつけられた。このことは、イエスが過越の祭りの時なされた自己顕現があまり一般の注目をひかなかったことで、同胞は自分をメシヤとして受け入れる準備がまだ全然できていないから、さしあたり悔い改めとバプテスマという準備的な仕事を続行することの必要を確信し、したがって自分のより高い性格を背景に置きつつ、当分の間ヨハネと同じ仕事に従事されたのだというふうに解することはできないものだろうか。このような見解の正しいことは、イエスがガリラヤでメシヤとしての生涯を開始されたのは、この年の末のヨハネの投獄の時であったという事実が証明する。

65 この時期についての共観福音書記者の沈黙と、キリストのその後のエルサレム訪問に彼らがあまり注意していないという事実とについては、さらに深い説明が出された。イエスは、主としてユダヤ国民を目指して来られたのであり、その権威ある代表者たちはエルサレムにいた。イエスは祖先に約束されたメシヤ、この民族の歴史の成就者であり、全世界を対象とするはるかに大きな使命を帯びておられたけれども、まずユダヤ人から、しかもエルサレムから始められた。しかし国民は、エルサレムの中心において自分を退けたため、イエスはどこか他の所を中心として、世界的な国を建設することを余儀なくされた。このことは福音書が書かれたころには明らかになっていたので、共観福音書記者は、イエスの国の中心部での活動を、単に消極的な結果をもった仕事にすぎないとして大幅に削除し、やがてはキリスト教会の中核たるべき信者を彼が集めておられた伝道時期に、注意を集中したのである。それにしても、イエスの伝道のこの最初の年の末のころには、たしかに、将来起こるであろう、ある恐ろしい事件の陰がすでにユダヤにもエルサレムにも覆いかぶさっていた。――この世が、かつて目撃した民族的な罪のうち、最も恐るべき罪の陰が、自分たちのメシヤをユダヤ人が拒絶し、十字架にかけるという罪の陰が。

第5章　民衆に支持された年

66—73　この年の活動舞台、ガリラヤ
67—68　その大きさと人口、ガリラヤ湖
69　イエスの南部からの帰還
70　ナザレ訪問
71　カペナウムへの移動
72　彼の生活
73　彼の人望
74—115　用いられた手段
76—83　奇跡
77　その種類　78—83　奇跡を行われた理由
84—104　説教
86—89　その形式
90—95　説教者としてのキリストの特質
91　権威　92　大胆　93　力　94　優雅さ
95　人間的な広さ

96―102　教えの内容

97―100　神の国　101　彼自身

102　ちょっと触れられただけだが、重要な題目

103―104　聴衆

105―113　十二使徒

105―108　十二使徒の召命と訓練

109―113　彼の人性

109　明確な一定の目的　110　信仰　111　ユニークな性格

112　人間への愛　113　神への愛

114　罪のない人

115　キリストの神性

＊　＊　＊

66　南部で一年を過ごしてから、イエスは活動範囲を北部へ移された。ガリラヤならば、

祭司や学者階級の拠点であるユダヤに見られるような、偏見や傲慢の染み込んでいない人人の心に語りかけることができたであろう。またそこでの活動をとおして、自分の教えや感化がその国の一部の人たちでも深くとらえたなら、たといそれが権威の中心から遠く離れていても、強い国民的支持をバックにして南部へ舞い戻り、偏見の城砦をも奪取できるとイエスは望まれたのかもしれない。

67 ガリラヤ――次の十八か月の活動範囲は、きわめて限られていた。だいいちパレスチナ全体にしたところで、ごく限られた一小国にすぎなかった。このことを記憶しておくことは重要である。なぜなら、イエスの活動がどうしてあのようにすみやかに、国中に拡がっていったかということ、またどうして国内のあらゆる所から、あのようにすみやかに多くの人が彼のところに集まって来たかということを説明するからである。同時にまたこのことは、世界の文明に多く貢献した国家が、真に偉大な国家であった時代には、実に小さい領域に限定されていたという事実の一例として記憶しておくのもよい。ローマはかつてはただの一都市だったし、ギリシャもまた一小国であった。

68 パレスチナは四つの区域に分かれていたが、ガリラヤはその中で一番北にあった。南北百キロ、東西五十キロあった。大部分が高原からなり、その外観は不規則な山岳のうねりであった。東の境界近くで急に低くなって、大きな深い裂け目となり、その間をヨルダン川が縫って流れ、その真ん中、地中海の海面下約百五十メートルのところに、美しいたてごと型のガリラヤ湖が横たわっていた。この地方は、全体的に見て非常に肥沃で、大きな村や町が密集していた。しかし活動の中心は、その湖の盆地で、南北二十一キロ、東西十キロの湖だった。東岸の幅約〇・四キロの緑地にふちどられ、上には急流が縦横に走る裸の山があった。西側では山はゆるやかに傾斜し、その斜面は豊かに耕やされ、あらゆる種類のみごとな作物を産した。そのふもとの湖岸は、オリーブ、オレンジ、いちじくなど、さまざまの亜熱帯果樹の、うっそうたる小森の緑に萌えていた。湖の北端の湖と山の間のところはヨルダン川の三角洲によって広がっていて、山から流れ下る何本もの流れに浸されていた。そこはまったく豊饒と美のパラダイス（楽園）であった。それはゲネサレの平野と呼ばれ、今日でもその湖の盆地は炎熱の荒野とほとんど変わらないが、それでも耕作の手の届く限り一面みごとな麦畑である。そして怠けて放置してあるところは、イバラやキョウチクトウが一面に生い茂っている。われわれの主の時代には、そこに湖畔の主要な町があった。たとえば、カペナウム、ベツサイダ、コラジンなど。しかし全岸に町や村が散在し、そこはまさしく忙しい人間生活の営まれる蜂の巣であった。生活は、畑から豊かにとれる農作物や果実で十分まかなえた。湖には魚が多く、数千を数える漁師がこれで生計を立てていた。さらにエジプトからダマスコへ、フェニキアからユーフラテスへ通ずる道路がここを通過し、そのために、ここは交通の一大中心地となっていた。漁業や、輸送や、娯楽のための小舟が何隻となく湖上を行き来し、この地域全体が精力と繁栄の焦点であった。

69　イエスが八か月前、エルサレムでなされた奇跡の知らせは、祭りの時に南部のほうに行っていた巡礼者によって、すでに故郷のガリラヤへ届いていた。そしてイエスのユダヤでの説教やバプテスマの噂も、彼の到着以前に話のたねとなり、センセーションを巻き起こしていたことは疑いない。したがって、ガリラヤの人々は彼が戻って来られた時には、ある程度迎える準備ができていたわけである。

70　イエスが訪ねられた最初の場所のひとつは、幼年時代および青年時代の故郷ナザレであった。ある安息日に会堂に姿を現されたところ、そのころイエスは説教者として人に知られていたので、聖書を読んで会衆に何か話すことを求められた。そこで、イザヤ書の一節を読まれた。その中には、救い主メシヤの来臨と御業とについて次のような輝かしい内容が記されていた。「わたしの上に主の御霊がおられる。主が、貧しい人々に福音を伝えるようにと、わたしに油をそそがれたのだから。主はわたしを遣わされた。捕らわれ人には赦免を、盲人には目の開かれることを告げるために。しいたげられている人々を自由にし、主の恵みの年を告げ知らせるために」（ルカ四・一八）。彼がメシヤの時代の様相――奴隷の解放、貧者が富み、病人がいやされること――を描きつつこの聖句の注釈をされたとき、同郷の若い説教者の話を初めて聞いた人々の好奇心は、魅せられた驚嘆と変わり、突然拍手の嵐が湧き起こった。説教者に対する拍手は、ユダヤ人の会堂では許されていた。しかしすぐさま反動が起こった。彼らは囁《ささや》きだした。これはこの村で働いていた大工じゃないか、あのヨヤフとマリヤの息子じゃないか、妹たちは村のだれそれに嫁にいった人じゃなかったか。人々の妬みは刺激され、イエスがいま読んだ預言は自分の上に成就したと言われるや否や、突如、拍手は怒りの侮蔑に変わり、彼らはエルサレムで示されたと聞いているそのような奇跡を証拠としてやってくれるように求めた。イエスが、不信の徒輩の中では奇跡を行うことができないと言われたところ、彼らは嵐のような嫉妬と怒りをぶちまけて、イエスにくってかかった。そしてただちに会堂から追い出して、町の背後のとある断崖のところへ連れて行った。もしイエスがここで奇跡的に彼らの手を逃れられなかったなら、崖から突き落とされたであろう。そしてその周知の不正を、メシヤの殺害者という悪名をエルサレムから奪う行為で飾ったであろう。

71　その日からナザレは、もう彼の故郷ではなかった。本当に一回だけ、再び、昔なじみの隣人たちに対する抑えがたい懐かしさから訪ねて来られたが、その時とて、前より良い結果は得られなかった。この時から、ガリラヤ湖の北西岸に面するカペナウムがイエスの活動の拠点となった。この町は今日では完全に姿を消していて、その正確な位置すらわからない。このことが、クリスチャンがこの町をイエスの生地ベツレヘム、故郷の村ナザレ、あるいは終焉の地エルサレムほどには、イエスの一生と結びつけて考えないひとつの理由なのかもしれない。しかし、われわれは、この町を上記の他の町々と並べていっしょに記憶にとどめておくべきである。そこは、イエスの生涯の中で最も大切な十八か月間、彼が住まわれた所なのだから。それはイエスご自身の町と呼ばれ、彼もまたそこの一市民としての納税を請求された。そこはガリラヤ湖の盆地の賑やかな生活の中心地であり、その地方のあらゆる所へ出かけて行くのに都合の良い位置にあったので、ガリラヤでの活動の中心としては格好の場所であった。そこで起こったことは、何事に限らず、まわりのあらゆる地域に敏速に伝わっていった。

72　イエスのガリラヤ伝道はカペナウムから開始された。そしてカペナウムが本部でもあるかのように、イエスはしばしばそこに姿を現し、またここを中心として四方八方へ旅してガリラヤの町や村を訪ねるというような生活が何か月も続いた。西のほうへ陸路を行かれることもあったし、舟で湖畔の村へ行かれたり、東側の湖岸の方へ行ったりされることもあった。専用の舟を持っていらっしゃって、それがどこへなりとお望みの所へ運んでくれた。カペナウムへ帰っておられるのは、たった一日であったり、あるいは一、二週間であったりした。

73　二、三週間もすると、イエスの名はその地方にあまねく鳴り響いた。湖上を走っているどの舟でも、またその地域のどこの家庭でも、彼のことが話題にのぼった。人々の心には、深い興奮が渦巻き、だれもかれもが彼に会いたがった。彼のまわりに人が集まりだした。そして、千、いや万をもって数えるようになった。イエスの行かれる所へどこまでもついてきた。この噂はガリラヤ以遠の地にも飛び、エルサレムから、ユダヤから、ペレアから、果てははるか南のイドマヤ、北のツロ、シドンからも、大群衆が押しかけてきた。群衆が道をふさいで、互いに他の人の足を踏み、どの町にも居場所のないというようなこともあった。そんな時には、群衆を野や砂漠へ連れ出さねばならなかった。国中が端から端まで湧き立ち、ガリラヤは、火がついたような騒ぎだった。

74　イエスがそんなに大きな、広範な動揺を生み出されたのは、どうしたことだろうか。自分がメシヤであると公言されたからではなかった。もしそうだったとしたら、ユダヤ人の胸中を、えもいわれぬ戦慄が走ったであろう。だがイエスはときどき、ナザレでなされたように自分の姿を外に表されたけれども、たいがいどちらかというと真の姿は隠しておられた。この理由が次のような事情によることは、疑いを容れない。極端なまでに物質的希望を抱いている粗野なガリラヤの激しやすい群衆の中で、そのようなことを公然と言ったならば、ローマ政府に対する革命的反乱を扇動することになり、そのためかえって人心を彼の真の目的からそらせ、自分の頭上にローマの剣を受けたであろう。ユダヤにおいては、ユダヤの指導者たちから命をつけねらわれる結果になったであろう。どちらの妨害をも避けるために、自分を十分に顕示することを差し控えて、いまはもっぱら、それを明らかにする時が来たときに、それを真の内的、霊的意味において受け取れるように一般民衆の心を準備させることに努め、当分は、ご自身が何者であるかということは、その性格や働きから推察できる程度にしておかれた。

75　イエスが仕事をするときに用いられ、非常な関心と熱狂を生み出した二つの大きな手段は、奇跡と説教であった。

76　奇跡を行う人――おそらく、イエスの奇跡は最も広範な注目を浴びただろう。カペナウムでの最初の奇跡のニュースは、燎原の火のように町中に拡がって、泊まっておられた家のまわりには群衆が黒山のように集まってきたとか、イエスが異常な新しい奇跡を行われるごとに興奮は高まり、噂は八方に拡がっていったと記されている。たとえば、パレスチナで最も悪性とされていたツァラアトを初めて治された時の人々の驚きは、底知れぬものであった。悪鬼につかれた患者を初めて治された時も、そうだった。そしてナインで未亡人の息子を生き返らされた時には、人々は怖れのために、しばし呆然とし、それから喜びに溢れた驚嘆の声がわき起こり、何千人もの人たちの間でその話でもちきりとなった。自分で歩ける者、あるいはよろめきながらでもイエスに近寄ることのできる者など、あらゆる種類の病人や、自分で来られない人を寝台に乗せて心配そうな面持ちで運んでくる友人たちの群れで、一時はガリラヤ中が人騒ぎだった。イエスの仁慈深いお姿が通過するときは、村や町の道路には、病を患う者が目白押しに並んでいた。時には治療してやらなければならない人があまりに多くて、食事の時間もないくらいだった。またあわれみの奉仕に熱中されて、聖い感動にすっかり心を奪われておられるので、親族の者は、彼は頭がおかしくなったみたいだ、などと無礼なことを言って、お仕事を邪魔したりした。

77 イエスの奇跡は、全体的に見ると二種類に分けられる。すなわち、人間に対してなされたものと、自然に対してなされたもの、たとえば、水をぶどう酒に変えるとか、嵐をしずめるとか、パンを増やすとかいったものである。前者は数の点では後者の比ではなかった。それらは程度の差こそあれ難治の病気、たとえば、歩行困難者・目の見えない者・耳の聞こえない者・中風の者・ツァラアトに冒された者などの治療が主であった。治療方法はいろいろ変えられたようだけれども、その理由はよくわからない。手で触れるとか、湿らせた泥を患部にのせるとか、水でからだを洗わせるなど、さまざまである。またあるときには、何の手段も用いずに治し、たまには遠く離れた所から治されることすらあった。こういった身体的な病気の治療以外に、心の病も扱われた。こういう病気が、当時パレスチナに流行していて、極度の恐怖を引き起こしていたようである。それはかわいそうな魯《ろ》鈍者《どんしゃ》や、たわごとを言うような病人に悪魔が入るときに起こるものと信じられていたが、これは意外にもあたっていた。イエスがガダラの地の墓の中で癒された人は、この種の病気の恐ろしい一例であった。彼がイエスの足もとに、着物を着て正常な精神状態で座っているさまは、イエスの優しい、慰めに満ちた、しかし権威ある存在が、そのように狂い乱れてしまった心にまでどんな影響を及ぼしたかを物語っている。しかしながら、イエスが人間になされた奇跡の中で最もすばらしいものは、死人の復活である。その回数は多くなかったけれども、当然のことながら、人々に圧倒的な印象を与えた。もうひとつの種類の奇跡――外界の自然に働きかけられたもの――も、同じように説明しにくいものであった。イエスが行われた精神病の治療のあるものは、病的な精神にある種の強い力が働いたのだとして説明がつくかもしれない。また同様に身体的治療のあるものも、精神を通して彼が肉体に影響を及ぼしたと説明できるかもしれない。しかし荒れた湖水上を歩くというような奇跡は、自然的な説明ではどうにもできないことである。

78　どうしてイエスは、こういう手段を用いられたのか。この問いに対しては、いくつかの解答が考えられる。

79　第一に、イエスが奇跡をなされたのは、御父が遣わした証拠として、これらのしるしを与えられたからだということ。同様に、多くの旧約聖書の預言者たちも、神から遣わされたことの承認を得た。預言者に任ぜられたヨハネは、奇跡は行わなかったが――このことは、四福音書がきわめて誠実に教えているところである――彼以前に出た最大の預言者にもまさる預言者と言われたイエスが、自分が聖なる任務を託されていることを示すために、昔の預言者のだれよりも、大きなしるしを行われるというのは当然のことであった。

イエスがご自分をメシヤであると宣言し、人々の承認を要求されたことは、途方もない主張であったので、なんらかの奇跡もしなかったら、神からの派遣のしるしとして奇跡を求めることを常としていた国民から、その主張を認められることを期待するなどということは無理であったろう。

80 第二に、キリストの奇跡は、ご自分の内にあふれる神の姿が自然に流れ出たものであったということである。イエスの内には神がいまし、その人性は生まれながらにして聖霊を限りなく宿していた。そのような存在者が世にあるときには、力あるわざが彼をとおして現れるのは当然だった。彼自身が大きな奇跡であったのである。イエスのなさった個々の奇跡は、それの火の粉、あるいは放射物にしかすぎなかった。彼は自然の秩序の中断、もっと正確には、自然の秩序の中へ、それを富ませ、高めるために入ってきた新しい要素であった、と言えよう。そしてイエスの奇跡はその調和を乱すためではなく、それをととのえるために彼と共に入ってきたのである。したがって、奇跡にはどれにもイエスの性格が現れていた。それは単に力の表現ではなく、聖さと知恵と愛の表現でもあった。ユダヤ人はしばしば、魔術に対する渇望を満たすため、とてつもない不思議を求めた。しかしイエスは常にそれを拒み、信仰の助けとなるような場合だけ奇跡を行われた。彼は、自分が治してやったすべての者に信仰を要求されたが、魔術に対する好奇心や、不信仰な要求には応じられなかった。ここに主の奇跡と、昔の魔術師の寓話化されたそれや、中世の聖徒のそれとの違いがある。そこにはつねに真剣さとあわれみがあった。それは、その奇跡がイエスの性格の表現だったからにほかならない。

81　第三に、彼の奇跡は、霊的な働き、人を救う働きの象徴であった。それらが世の不幸に対する勝利であったということは、ちょっと考えてみればすぐわかるだろう。人類は無数の悪の餌食であり、外界の自然までもが、過去のわざわいの痕跡をとどめている。ローマ人への手紙には「被造物全体が今に至るまで、ともにうめきともに産みの苦しみをしている」(八・二二) とある。人類が背に負わされたこの膨大な、目に見える形のわざわいは、罪の結果である。といっても、あらゆる病や不幸の原因をある特別の罪に帰し得るというわけではない。過去の罪の影響は全人類の上に及んでいる。それでも、やはり人生の不幸、悲惨は、その罪の影である。身体的な悪と精神的な悪とは、このように密接に関係し合いながら、互いに他を説明する。そういう観点からすれば、イエスが肉体の見えなくなっている目を治されたのは、内なる心の目の治療の表象であったし、死人を生き返らせられたのは、イエスが霊的世界ではよみがえりであり、命であることを示唆しようとしておられたのであり、またツァラアトの患者を潔められたとき、その勝利はツァラアトに対する別な勝利を語っていた。またパンを増やされたとき、その直後にイエスは命のパンの話をなさった。嵐をしずめられたのは、悩める良心に向かって、イエスが平安を語ることができるということの保証であった。

82　こういうわけでキリストの奇跡は、メシヤとしての仕事の、本来の必要欠くべからざる一部分であった。自分を国民に知らしめるための効果的な手段であった。それは、彼が治してあげた人々を、感謝の強いきずなによって彼に結びつけた。そして、きっと多くの場合、イエスを奇跡を行う人として信ずる信仰は、さらに高い信仰へと成長していったであろう。イエスが七つの悪霊を追い出したあの献身的なマグダラのマリヤの場合が、そうだった。

83　彼自身にとっては、この仕事は大きな苦痛でもあれば、また大きな喜びでもあったに違いない。彼のように思いやりのある、きわめて同情的な、ほんのちょっとでも冷淡になるようなことのない心の持ち主にとっては、このような恐るべき病を目の当たりにし、恐ろしい罪の結果を見ては、何度か憂いに沈まれたことであろう。しかしイエスはそういう仕事にはふさわしい人だった。助けが必要とされているところに行くことは、その大いなる愛にふさわしいことだった。そして差し伸べられた手に祝福を分かち与え、罪の傷痕を消してあげ、手を触れて人が健康を回復するさまを見、開いていく目の嬉しそうで、感謝に満ちたまなざしを受け、愛する者を母や姉妹の腕に返してあげた時に彼らの祝福の言葉を聞き、また村や町に入って、貧しい人々の顔に浮かぶ愛と歓迎の光を見られたとき、彼の喜びはいかばかりであったろうか。彼は、自分の弟子たちにも絶えず飲んでいてもらいたいと思われた井戸の水を、飽くほどに飲まれた。それは善を行うことの喜びであった。

84　教える人——イエスがその働きをなすにあたって用いられた他の重要な手段は、教えであった。それはふたつあった手段のうち、最も重要なものであった。奇跡は教えが始まることを知らせる合図の鐘にすぎなかった。奇跡は、繊細な感受性を欠く人の心をもとらえ、彼らがその力を感じられるようなところまで導く役目を果たした。

85　奇跡のほうが最も評判になったのであろうが、その教えも彼の名声を遠くまで拡めた。雄弁な人の話す言葉くらい確実な魅力をもった力はないもので、弾唱詩人や講談師に耳を傾ける未開人にしろ、弁士が燃える熱情を抑えて行う演説に聞き入るギリシャ人にしろ、あるいはローマ人のような味もそっけもない国民にしても、みなそれがもつ力の迫力を認める。ユダヤ人はこれを他の何ものにもまして高く評価し、彼らの過去の英雄の中で預言者――天からあらゆる時代に遣わされた、かの雄弁な真理の語り手――ほど、ユダヤ人に尊ばれた者はなかった。だから洗礼者ヨハネは奇跡を行わなかったのに群衆が彼のところへ押しかけたのは、ヨハネの語調の中に、過去数代の間ユダヤ人が耳にしたことのなかった、この力の響きがこもっているのを知ったからであった。イエスも預言者と認められ、その説教は至る所で興奮を生み出した。「イエスは、彼らの会堂で教え、みなの人にあがめられた」（ルカ四・一五）。人々は驚きの目をみはって、その言葉に聞き入った。時には、岸辺に集まった群衆があまりに彼のほうへ押し迫ってくるので、舟に乗ってその甲板から、傾斜した岸に半円形をなして座っている群衆に話をされなければならないこともあった。敵ですら「あの人が話すように話した人は、いまだかつてありません」（ヨハネ七・四六）と証言した。イエスの説教の記録は、現在少ししか残っていないけれども、われわれをその気持ちに共感させ、また彼がかもし出した印象を理解させるには十分である。現在のイエスの言葉を全部集めて印刷しても、六篇のふつうの説教ほどにもなるまい。しかしそのお言葉が、人類の最も貴重な文学的遺産だと言っても過言ではない。彼のお言葉も、奇跡と同様、ご自身の表現だった。その一語一語に、イエスの性格の偉大さがこもっている。

86　イエスの説教形式は、本質的にはユダヤふうのものだった。東洋人のものの考え方は、西洋人のそれとは違っている。西洋人の考え方、話し方は、流暢で、包括的で、厳密に論理的なのが一番良い。西洋人が感心する話の仕方とはどういうのかというと、ある重要な主題を取り上げ、それをいろいろ細かく分析し、その細目ごとにその主題を詳細に取り扱って、各部各部を厳密に比較総合し、最後に、聴衆の心に訴えてなんらかの具体的な行動を促すといったようなものを指す。ところがこれとは反対に、東洋人はひとつの点について長時間思いめぐらし、それを何回も何回もひねくり回してみて、それに関する事実をことごとく一点に集めて、それをわさびの利いた、記憶に便利な言葉の二、三語を用いて発表するというふうである。それは簡潔で、寸鉄的で、威厳がある。西洋人の話は構造が体系的というか、環と環とががっしり結びついた鎖みたいであるが、東洋人のは、暗黒の背景から輝きを放つ無数の燃えるような点を散りばめた夜空みたいなものである。

87　イエスの教えの形式はそのようなものであった。数多くの話からなっていて、そのどれもが、最小限の範囲に最大限の真理を蓄えていた。そして、矢のごとく記憶の中に突き刺さるような、簡潔かつ鋭い言葉で表現されていた。自分で読んでみれば、その中のどのひとつをとってみても、それについて深く考えていくと、それはまるで渦巻きのように人の心を吸い込んでいって、ついに深みに吸い込まれてしまうことを経験されるであろう。また読んでいて、とっくに暗記していないものはないことに気づかれるだろう。それは、あらゆる時代のキリスト教徒の胸の中に記憶されてきたものであって、他の人の語った言葉には、そのようなことはなかったことである。まだ意味もわからないうちから、その完全で、諺《ことわざ》のような表現は、しっかりと心の中に根をおろしてしまう。

88 イエスの教え方にはもうひとつの特徴があった。それは、比喩的な表現がふんだんに用いられているということである。イエスは具象的にものを考えられた。いつも、周囲の自然——花の色、鳥の習性、樹木の生長、季節の移り変わり——を愛し、それを細かに観察しておられた。また人生のあらゆる方面、宗教や商売や家庭での人の生き方をも鋭く観察しておられた。その結果、いったん自分の考えを自然の像の鋳型に流し込んでからでないと、ものを考えることも、話をすることもできなかった。彼の説教はそういう表現によって生きてきたし、色や動きや移り変わる形に富むものとなった。抽象的なことはなにひとつ述べておらず、すべてが絵に変えられていた。われわれはイエスの言葉の中に、田舎の風景や当時の生活の様式をパノラマで見るようにうかがい見ることができるのである。彼の目を心ゆくまでに楽しませてくれた、野に揺らぐ百合の花、羊飼いの後をついてゆく羊の群れ、広い、あるいは狭い町の門、灯をともし暗がりで花嫁の行列を待っている乙女たち、経札を広くしたパリサイ人と、いっしょに宮で頭を垂れて祈っている取税人、大邸宅の宴会席に座っている金持ちと、その金持ちの家の門前に寝ころんで犬に腫物をなめられている物乞い、そのほか当時における、内部的な細部の生活を包まず見せてくれる数多くの絵があるが、これらはふつうの歴史では、不注意にも威厳ありげな足取りで通過するところである。

89　しかしながら、イエスが使われた最も特色ある話の形式はたとえ話であった。それは前記のふたつの特質、すなわち簡潔な、覚えやすい表現と比喩的な様式とを兼ね備えていた。日常生活の中からとった出来事を宝石のような一幅の絵に仕上げて、より高度の、霊的領域にあるそれと対応する真理を示そうとするものであった。それは、ユダヤ人が真理を述べる時に好んで用いる様式であったが、イエスはそれをさらに豊かに、しかも完璧なものに仕上げられた。今日残っている彼の言葉の三分の一ぐらいは、たとえである。これは、そういう形式が容易に忘れられにくい表現形式であったことを示している。説教を聞いて、二、三年後にいちばん記憶に残っているのは、説教の中にあった例話であろう。これらのたとえは、以後あらゆる時代のあらゆる人の脳裡を容易に去らなかったのである。

放蕩息子、種蒔く人、十人の処女、善きサマリヤ人、その他多くのたとえ話は、数百万の人の心の中にかかっている絵である。ホメロス、ヴェルギリウス、ダンテ、シェイクスピアは表現上の最大の巨匠と言われるけれども、彼らの作品の中のどの節が、どれほどに広く人の心を捕らえ、つねに新鮮さと真実さを保っているだろうか。主は例話を話すのに、なにも難しいことは言われなかった。絵かきの名人は、一片のチョークか木炭で、あなたの顔を見つつ、吹き出しそうな顔、泣きたくなるような顔、あるいはいぶかりげな顔とどのようにでも描き分けてみせるが、イエスも自分の周囲のきわめてありふれた事物や事件——新しい布を古い衣に縫い合わせること、古い皮袋が張り裂けること、結婚式や葬式の時に広場で遊んでいる子ども、嵐にあって倒れる家など——こういったことを用いてそれを完璧な絵に仕上げ、われわれに不滅の真理を伝えようとされた。してみれば、おびただしい群衆がイエスの後をついて歩いたことに、なんの不思議があろう！　どんなに幼稚な者でもその絵のすばらしさに魅せられて、その中に結晶させられている奥義を極め尽くすには数世紀の思索を要したであろうが、少なくともその思想の表現ぐらいは、一生の財産としてもっていることができた。これほど単純で、それでいてこれほど意味の深い、またこれほど絵画的で、それでいて絶対に真実な話のしかたのあったことは、聞いたことがない。

90 以上が彼の話し方の特徴である。説教者としてのイエス自身の特質は、話を聞いた者の批評の中に残っている。またそれは福音書に出ている説教にも、はっきりと現れている。

91 その中で、最も顕著なものは「権威」であったように思われる。「人々は、その教えに驚いた。それはイエスが、律法学者たちのようにではなく、権威ある者のように教えられたからである」（マルコ一・二二）。聴衆が第一に心を打たれたのも、彼の言葉と会堂で聞き慣れている学者の説教との間の著しい相違だった。学者たちは、あらゆる時代に宗教として通ってきた、死んだ、無味乾燥な神学体系の解釈者の見本であった。彼らの手にある聖書を引いて、聖書そのものを解釈し、その言葉に生きた力を加えることはしないで注釈者の意見の受け売りに終始し、しかもだれか先生の支持を得たものでなければ、自分の考えを述べることを恐れていた。正義とあわれみとか、神と愛といった重大な問題はほったらかして、神聖なテキストを儀式の手引き代用にしてしまって、経礼の幅はどのくらいがよい、祈禱の時はどういう姿勢がよい、断食は何日ぐらいするのがよい、安息日にはどのくらいまで歩くことができるか、とかいったことについて説教した。実に当時の宗教は、こういうものであったのである。現代において、当時行われていた説教に似たものを見ようと思うならば、宗教改革時代にさかのぼらなくてはならない。歴史家ノックスが言うように、そのころの修道僧のやった説教は空虚で、こっけいで、なんとも味気ないものだった。彼は言う。「なんとかいう教団の創始者や、彼の行った奇跡、悪魔との組み打ち、徹夜の祈り、断食、鞭打ちなどに関する伝説めいたお談義、聖水、聖油、十字を切ること、魔除けの効能、煉獄の恐ろしさ、力ある聖徒のとりなしによって何人の人がそれを免かれるかといったようなことが、下品な冗談、食卓での雑談、炉辺のいやらしい話とともに、説教者の得意とする話題となって、清い、健全な、崇高な聖書の教えに代わって、人々に供された」と。三世記半の昔に、スコットランド人がそのような説教とウィシャットやノックスの高尚な言葉の間に感じ取った大きな開きが、イエスの説教が当時の人々の心にどういう印象を与えたかをよく教えてくれるのではあるまいか。イエスはどこどこの先生の権威とか、なになに派の解釈などといったことはまったく関知されなかった。まるで、永遠の世界に目をじっと注いでおられるような話をされた。神についても、人についても、だれから教わる必要もなかった。両方とも完全に知っておられた。自分がある使命を帯びて世に遣わされたことを意識しておられ、それによって彼は動かされ、口をついて出る言葉の一語一語に、また一挙一動に、真剣さが加わった。自分は神から遣わされた者であり、自分の語る言葉は自分のものではなく、神のものであることをよく知っておられた。自分に耳を貸そうとしない人に向かっては、あなたがたは審判の時には、預言者ヨナやソロモンの言葉に耳を傾けたニネべの人やシェバの女王によって罪に定められるであろう、いまあなたがたに語るわたしは、昔のどの預言者、王よりも大いなる者なのだから、とためらうことなく明言された。彼のメッセージを受け入れるか拒むかによって、人々の未来は幸いともなればわざわいともなることを警告された。この真剣で、威厳と権威のある語調は、聞く者の心を畏れで満たした。

92　彼の話を聞いた者が気づいたもうひとつの特色は、大胆さであった。「見よ、彼は大胆に語っている」と。このことは、イエスが無学の人で、エルサレムの学校を出たのでもなければ、世間の権威者から資格証明書をもらっていたのでもなかっただけに、一層不思議に思われた。しかしこの特質は、前節に述べた権威ある態度と同じところからきている。臆病は、自意識が原因になっているのがふつうである。聴衆を恐れたり、学者やお偉方を眼中において語ったりする説教者は、自分自身のことだとか、自分の話がどんな批評をされるだろうかなどということに気を取られてしまうが、自分は神から受けた使命によって動かされていると確信している説教者は、自分を忘れてしまう。彼には卑賤を問わず、どの聴衆もみな同じに見え、自分が伝えなければならないメッセージのことばかりが頭にある。イエスは絶えず臆することなく、霊的で永遠の実体を見つめておられたから、その真理のもつ偉大さの魅力が彼を捕らえて、人間的な差別は眼中になかった。どの階層に属する人でも、イエスにとってはただの人であった。彼は生まれた時から使命の奔流に乗っておられたから、何が起ころうとも、それに押しとどめられて疑ってみたり、ひるんだりされることはなかった。当時の悪弊と思想を攻撃するときに、その大胆さが特に発揮された。イエスを温厚、柔和の化身のように考えるのは、誤りもはなはだしい。その語られる言葉の中に、激しい憤りのこもった語気ほど際立った要素はない。当時ほど偽物の横行した時代はない。高い地位はことごとく、このような偽物によって占められ、社会のあらゆる面を大手を振ってのし歩き、学問の座を占め、中でも宗教をすっかり腐敗させてしまった。偽善があまりにも一般化してしまって、偽善がおかしいと思われることさえなくなった。思想の低劣さと誤謬は底知れぬものであった。彼の言葉には、これらの腐敗堕落に対する憤懣が終始一貫脈打っているのを感じ取ることができるが、その憤懣は幼いころのナザレでの観察に始まり、当時の世相に対する理解が深まるとともに熟していったものであった。人々の間で高くかわれているものは、神の御前にあっては忌まわしいものであると断言された。民衆が、イエスの言葉を耳にする以前に敬意を払っていた人物、すなわち学者、パリサイ人、祭司、レビ人らに向けられたイエスの論争ほど、言論史上峻烈で徹底的なものをわれわれは知らない。

93　聴衆が気づいた特質の第三は「力」であった。「彼の言葉には力があった」と。これは聖霊の油注ぎの結果であって、これなくしては、どんなに厳粛な真理を語っても、民衆には馬耳東風であったろう。彼は限りない聖霊の満たしを受けておられた。だから真理が彼をとらえていた。彼の胸の内で燃え、ふくれたその真理を、人々の心に直接語られた。自分自身を満たすだけでなく、他の人にも与えるくらい豊かに聖霊を受けておられた。その御霊が彼の言葉に溢れ出て、聴衆の魂をとらえ、彼らの心にいいしれぬ歓喜を満たした。

94　イエスの説教の第四の特質――それはまた、非常に顕著なものであった――は「優雅」であった。「彼らは、その口から出るめぐみに溢れた、優しい言葉に感嘆した」とある（ルカ四・二二参照）。彼の語調には権威があり、またその時代に対しては恐れることなく痛烈な攻撃を加えられたが、その反面、一語一語に優雅と愛がみなぎっていた。ここにとくに、主の姿がはっきり表れている。愛の化身であられた彼が、内なる天来の炎と暖かさを、その言葉の上に表さずにおれただろうか。当時の学者たちは心が頑なで、高慢で、愛を知らなかった。金持ちにはおべっかを使い、学ある者にはペコペコしても、大多数の彼らの聴衆のことになると、「律法をわきまえないこの群衆は呪われている」などと暴言を吐いた。しかし、イエスにとっては、すべての人の魂が無限の価値をもっていた。どのようなみすぼらしい衣裳の下に、あるいはどのような社会的醜悪さの下に、その真珠が隠されているか、それは問題ではなかった。また、それがどのような罪のゴミや汚れの下に埋められているか、それすら問題ではなかった。片時といえども、その魂を見失われることはなかった。どのような階層の人であろうと偏りみることなく、等しく敬意を払って話された。ルカの福音書一五章にあるいくつかのたとえ話の中で語っているのは神の愛そのものであって、それがこの聖なる方の内奥から自然と湧き出てきたに違いない。

95 以上、説教者としてのイエスの特質のいくつかを述べた。もうひとつだけ付け加えてもいいかもしれない。これは他のすべてのものを包括するものであり、言論の最高の特質といえよう。彼は人には人として語られ、なんらかの階層に属する人、もしくは何か特別の教養を身につけた人として語るということはされなかった。人に差別をつけるものとしての富、地位、学歴などは表面的差異にすぎず、それに反して、だれにも共通な部面

――知的理解力、情緒、良心の直感など――は人の深いところと関わるものである。もちろん、これらの点でだれもが同等であるというのではない。人によって深くもあれば、浅くもあろうが、しかしこのような部面が他の何ものよりも幾倍も深いということは、だれにも共通の事実である。これに語りかける者は、聴衆の中の最も深いところに訴えるのである。そのときその人はすべての人に理解される。聞く者はみな、その人なりに語りかける人から得るところがあるだろう。理解力に劣る者であっても、自分が消化できることを、深いところまで踏み込むことのできるような者も、同じ饗宴の席において満腹するであろう。ここにイエスの言葉が、いつになっても新鮮さを失わない理由がある。その言葉はあらゆる世代のあらゆる人のために等しくそなえられている。それがパレスチナで語られた時と同じように、今日も英国であれ、中国であれ、どこにあっても、人間性の内なる最も深いものに訴える力をもっている。

96　さてイエスの説教の内容はと考えるとき、われわれによく知られている教義体系、いわば教義問答とか、信仰告白というような様式で彼が解き明かしておられるだろうと予想するであろうが、実際にふたを開けてみると、決してそうでないことがわかる。彼はいかなる教義体系をも用いておられない。たしかにイエスの説教を構成している無数の種々の思想は、発表なさらなかった思想といっしょに、ひとつの完全な真理体系として彼の頭の中にあったことは間違いない。しかし教えの中には、そういう形では現れてこなかった。彼は神学的な表現を用いることなくして、三位一体、予定論、効果的な召命について語られた。これらの術語に含まれている思想は、イエスのお言葉の根底にあったわけである。そしてこれを明らかにすることは、学問の仕事なのである。彼は生ける言葉を用いて話され、その説教を人の心に、良心に、またその時代に触れる二、三の緊急な点に集中された。

97 イエスの説教の中心思想であり、また最もよく使われた言葉は「神の国」であった。多くのたとえ話が、「天国は……（のようなものである）」という書き出しで始まっていることを、読者は思い出されるであろう。彼は「ほかの町々にも、どうしても神の国の福音を宣べ伝えなければなりません」（ルカ四・四三）と言われたが、ここにその説教の内容の特徴がうかがわれる。また同じようにして、「神の国を宣べ伝えるために」使徒を遣わされた。この「神の国」という言葉は、初めて使われたものではなく、過去から伝えられてきた伝統的な表現であって、同時代の人の口先によくのぼる言葉であった。バプテスマのヨハネは、これを頻繁に用いて、「神の国は近づいた」というメッセージを宣べ伝えた。

98 この言葉は何を意味するのだろう。新しい時代である。預言者が預言し、聖徒が待ち望んでいた新時代である。イエスは、その時代が来た、そして自分がそれをもたらした、と宣言された。待望の時は終わった。彼はそのとき言われた。「多くの預言者や義人たちが、あなたがたの見ているものを見たいと切に願ったのに見られず、あなたがたの聞いていることを聞きたいと、切に願ったのに聞けなかったのです」（マタイ一三・一七）と。新時代の恩恵や栄光に、ほんのわずかにあずかる者も、旧時代を代表する最大の人物であるバプテスマのヨハネよりも偉大であるといわれるくらい、この新時代は輝かしいものであった。

99　すべてこれらのことは、その時代の人にとっては、もし神の国が本当に来ていることに気づいていたならば、当然メシヤより聞くものと期待していたことであろう。しかし人々は周囲を見回して、イエスがもたらされたというその新時代はどこにあるのかと尋ねるのだった。ここにおいてイエスと当時の人たちとの間に、大きな開きができた。すなわち、人々はその語句の終わりのほうの「国」を重視し、イエスは初めの「神の」という部分を強調されたのであった。彼らは、その新時代は豪華な、物質的外観をとって——たしかに神の支配したもう国であったけれども、世俗的で華美な姿をとって、武力に固められた世界帝国として現れるものと期待していた。イエスは、愛する心と従順な意志の上に築かれた神の国の中に、新しい時代を見ておられた。彼らはそれを外に求めた。しかしイエスは言われた。「神の国は、あなたがたのただ中にあるのです」（ルカ一七・二一）と。人々は外形的な輝かしさと幸福の時代を待望していた。イエスは新時代の栄光と祝福を、内的な性格の中に置かれた。だからあの大いなる新時代到来の宣言である山上の説教は、一連の「幸いなるかな」をもって始まっている。しかし、「幸いなる」状態は、あくまでも人格のそれであった。そしてまた、その人格は、それをもっているものには繁栄と幸福を授けるものとして貴重がられていた高慢なパリサイ人や裕福なサドカイ人、学者のそれとはまったく異質的なものであった。主は言われた。「心の貧しい者、悲しむ者、柔和な者、義に飢え渇く者、あわれみ深い者、心のきよい者、平和をつくる者、義のために迫害されている者は、幸いである」（マタイ五章）と。

100　イエスの説教の主目的は、神の国に関する思想、そこに入る者の人格、天にいます父との、愛と交わりとの中にある祝福、輝かしい未来への展望を示すにあった。彼はそのようなものと、当時の形式的宗教、すなわち霊的要素を欠き、しかも人格を儀式で置き換えていたものとを対照的に示された。あらゆる階層の人が御国へ招かれた――富める者に対しては、ラザロのたとえ話におけるように富の中に幸福を求めることの空虚さを示し、貧しい者に対しては、彼らも尊い人間性の一面を備えているのであり、唯一にしてかつ真の富は人格の中にあるのだということを、溢れるばかりの情愛と適切な言葉でとくとくと話して聞かせ、まず神の義を求めるならば、天の父は空の鳥さえ養い、野の百合でさえ装ってくださるのであるから、彼らを欠乏の中に放置されることはないことを確信させられた。

101　しかしながら、イエスの説教の中心は彼自身であった。新時代はイエス自身の中にあった。彼はその到来を告知されただけでなく、それを創造された。人々をこの神の国の民とし、その恩恵にあずからせる新しい人格は、彼からしか得ることのできないものであった。したがって、キリストの話はいつも、「わたしに来なさい、わたしについて学びなさい、わたしに従いなさい」との命令で終わっている。「すべて、疲れた人、重荷を負っている人は、わたしのところに来なさい」（マタイ一一・二八）、これがイエスの話の主眼であり、また最も深い、最後の言葉でもあった。

102　イエスの話を読んでみると、必ず次のようなことに気がつく。それは、その話がたしかにすばらしくはあるけれども、キリスト教の最も特徴的な教えの中のいくつかのもの、すなわちパウロ書簡にも示されており、今日最も敬虔なキリスト教徒が心に信じている教えは、全体としてはごくわずかな場所しか占めていないということである。このことは、罪人がどのようにして神と和らぎ、また赦された人の品性がどのようにして次第にキリストに似るようになり、また御父に喜ばれるものとなるかということに関する福音の偉大な教義の場合に、とくにそうである。パウロの主な教えは、いずれも、その起源をキリスト自身の教えの中に見いだし得る。にもかかわらず、上述のような重要な教義にごくわずかしか触れられていないということは、誇張されることもあり、キリストの教えとパウロのそれとの差が非常に著しいので、パウロ独特の教義は純粋なキリスト教の一部であるということを否定する根拠とされたほどである。だがこの現象の真の説明は、決してそのようなものではない。イエスは単なる教師ではなかった。彼の人格は、その言葉よりも重要であった。御業も同様であった。最も重要な御業は、十字架の死によって世の罪を贖うことであった。しかしながら、最も親しい弟子たちですら、主がそのようにして死なれるということをなかなか信じようとせず、その死が現実に起こるまでは、その死のもつ深い意味を説明することは不可能であった。パウロの最も特色ある教義は、ふたつの大きな事実――キリストの死と、復活し昇天された贖い主イエスによって聖霊が遣わされたという事実――の意味を説明しているにすぎない。これらの事実は、実際に起こらなくては、イエス自身が百万言を費やされたところで、説明しつくすことができないということは明らかである。だがキリストのこの御業について聖霊によってパウロに伝えられた意義に蓋をすることは、福音の光を消し、キリストから無上の光栄を奪うに等しいであろう。

103　イエスの聴衆は、場合によってその数も異なり、集まって来る人も種々雑多であった。非常にしばしば大群衆が集まった。山上で、湖岸で、街道で、会堂で、あるいはエルサレム神殿の中庭など、イエスはあらゆる所で話をされた。しかしどんなに質素な人とでも、個人的に話すことをいとわれなかった。あらゆる機会をとらえてはそうされた。疲れきっておられたときにも、ヤコブの井戸のほとりでサマリヤの女に語りかけられたし、ニコデモをひとり迎え、あるいはまたマリヤの家で彼女を教えられた。福音書の中に、そのような個人的会見が十九もあるそうである。このように、弟子たちに記憶すべき模範を残されたのである。これはわれわれの熱心さを知る最良の尺度であると同時に、教え方としても最も効果的であろう。数千の人を前にして熱弁をふるう説教者は、単なる一介の弁士かもしれないけれども、魂の幸福について個人的に親しく話す機会を求める人の心には、天的な火が燃えているに相違ない。

104　弟子たちを集めて語られたこともしばしばあった。その説教を聞く者は、いくつかのグループに分かれた。イエスは種蒔く人、毒麦と麦、婚宴などのたとえの中で、非常に生き生きと、いろいろなタイプの人が受ける結果を描写しておられる。お言葉をまったく退ける者、心の奥に触れることはなくとも、驚嘆して聞く者、聞いて後しばらくはよかったけれども、すぐいままでの関心事に戻る者などさまざまであった。神の御子自身が人の中にいて教えを宣べ伝えておられたときにさえ、救いのことに耳を傾ける者がこんなに少なかったということは、考えるのも恐ろしいことである。しかしそういう中にあっても、心を向ける者もあって、そのような人たちがだんだんと彼の周りに一団の弟子を形づくっていくこととなった。彼らは、あちこちとイエスの後について歩いて、話は残らず聞いた。そしてイエスはしばしば彼らだけに話された。復活後、ガリラヤで現れたもうた五百人は、このような人たちであった。その中には女性の姿もあった。たとえば、マグダラのマリヤ、スザンナ、ヘロデの家令の妻ヨハンナなどである。ヨハンナは裕福であったので、喜んで主の必要を満たしてあげた。これらの弟子には、群衆に対してよりも、徹底した教えがなされた。群衆の前で話したことの中で不明瞭な点は、この人たちに個別に説明された。聞いても悟らないように群衆にはたとえで話すのである、と奇妙なことをイエスは一度ならず言われたが、これは次のことを意味するものとしか考えられない。すなわち、真理に対して真の関心をもたない者は、ただ美しい外側の殻だけを与えられて追い払われるのだということ、しかしまた、たとえを使ってぼかしておいたのは、ヴェールの下から半分だけ美しい顔がのぞいていると、その顔全体を見たいという気持ちが強まると同じように、さらに深く知りたいという意欲を起こさせるという意図があったということ、またもっと知りたいという霊的な欲求をもっている人には、主は喜んで隠された奥義を授けられるというのである。国家が全体として、メシヤの世界的感化の媒介体としてふさわしくないことがはっきりしてきたとき、これらの人々が、あらゆる地域的制限や、地位とか国籍の差別を越えて、キリストによる霊的共同体の中核となった。そして、この団体こそ、やがてはキリストの精神と教えを世界に広め、永続させる団体であった。

105　使徒――使徒団の形成は、御業をなすにあたって用いられた奇跡と説教につぐ第三の手段と見るべきであろう。後に十一使徒となった人たちも、最初は多くの他の人と同じようにふつうの弟子にすぎなかった。少なくとも、第一年目の伝道の時にイエスに従った者は、このようなふつうの弟子としての位置にあった。ガリラヤ伝道が開始されたとき、イエスに従う弟子としての彼らの関係は、第二段階に入った。そのとき彼らはこれまでの職業を捨てて、常にイエスのそばにいるようにと要求された。そして、たぶんこれより数週間もたたないうちに彼らが使徒に任命されることによって、第三の、かつ最終の段階を迎えたことであろう。

106　彼らを協力者に任命することによってご自身をふやされたのは、仕事の範囲が非常に広くなって、緊急さを増してきたために、ひとりで全部を受けもつことがまったく不可能になったからだった。教えの中の比較的ややしいことは弟子たちに任せ、自分と同じく奇跡を行う力を授けられた。このようにしてみずから行く時間のない多くの町に福音が伝えられ、イエスご自身手の届かなかった人が多数いやされた。しかし後に起こった事柄からでもわかるように、使徒任命の目的は、これよりもっと遠大なものであった。イエスのわざはあらゆる時代のため、全世界の人のためのものであった。だから一生涯においてそれを完成することはできなかった。主はこのことを予見して、それに対する備えという意味で、ご自分の死後にもその使命を継続していってくれるような人、またそれらの人を通してご自分の感化を人類に及ぼしていけるような働きをする人を、早くから選んでおかれたのであった。イエスはご自分では何も書き残しておられない。書いておくことが、彼の感化を不朽ならしめ、世界の人に彼自身の完全な像を示す最良の方法であったと考えられるかもしれない。彼の筆になった書物があったならば、それはどんなものであったろうかと、燃えるような強い願望を抱いて想像せざるを得ない。しかし賢明な理由から、そのような仕事にはタッチされず、死後、選ばれた人々の生命の中に生きるという道を選ばれた。

107　イエスが、どのような人を、そのような重大な任務のために選ばれたかを知るとき、われわれはだれしも驚かされるであろう。権力者でもなく、学者でもなかった。国の指導的地位にある者がメシヤの支援者たるべきであったが、彼らはこの重大な使命にふさわしくないことをみずから証明した。イエスにはこのような人は必要でなかった。必要としておられたのは、世俗的な力や知恵ではなかった。社会的な地位とか、教養の程度とかに左右されず、人格の力によって仕事をされた彼は、学問もない庶民の中の十二人の純真な使徒にこの任務を委ねることを躊躇されなかった。一晩を祈りの中に過ごして後、使徒を選定された。きっと、何日も熟考されてのことであったろう。この出来事は、イエスがどんなふうに人の性格を洞察して行動されたかを示している。後日彼らは、この重大な目的にうってつけの器であることを示した。少なくともその中の二人、ヨハネとペテロは、神の最上の素質をもっていた。そしてその十二人中の一人は、裏切者となった。このような者が選ばれたことは、おそらくどう説明してみても、非常に部分的にしか説明できない神秘として残るであろう。だがそれでも、主の選びたもうた人々が、最初はたいへんおぼつかなかったが、終わりには大成功を収めたということは、イエスのたぐいなき独創力の一つの主要な記念碑である。

108　しかし、彼らがそのすばらしい未来を背負うに適していることを彼が見抜かれたという、その洞察力を指摘するのみでは、イエスの十二使徒に対する関係の説明としては、はなはだ不十分であろう。彼らは実に偉大な人物になり、キリスト教会の創設にあたっては、測り知れぬほど重要な仕事を成し遂げた。自分では夢にも思わなかったような意味で、現代の世界を統治する座にすわっているといってもよいかもしれない。何世紀の時の経過を超えて今なお高くそびえている一列の柱にも比べられよう。だがその上に輝き、彼らの姿を照らし出している光は、ことごとくイエス・キリストから発している。イエスがすべての偉大さを与えたのであり、十二使徒の偉大さは主の偉大さを示す最も著しい証拠の一つである。彼らにこのような性格を与え、このような重大な任務にふさわしい者に教育された、主の偉大さを知るがよい。はじめのうちはきわめて粗野で俗っぽい一団だった。彼らがキリストのような方のみわざの意味を理解し、その仕事を受け継いで、どの程度にでもあれ、そのような美しい精神をもち、後代に忠実な弟子としての遺産を伝えていけるようになるなどという望みが、どれほどあっただろうか。しかし主は、愛をもって辛抱強く教育され、彼らの世俗的な願望や、彼の意図を誤解するような頭の鈍さにも我慢された。彼らは将来演ずるはずの役割を片時も忘れることなく、その訓練に打ち込まれた。彼らはふつうの弟子たちよりもイエスと行動を共にする機会が多く、主が公になされたことは何から何まで目撃し、語られたことは全部聞いた。しばしば彼らだけを相手に話をなさった。そのようなときに、イエスはヴェールをはずしてご自身の教えのすばらしさと奥義とを見せ、その心の中に、時と経験とを経て、やがて実を結ぶべき真理の種子を蒔かれた。しかし訓練の中で最も大切な部分は、すばらしい結果を生みつつあったが、その時は彼らは気がつかなかったかもしれない。それは、主の人格が絶えず彼らに及ぼしていた無言の影響であった。主は彼らをみもとに引き寄せて、ご自身の像を刻み込まれた。これこそ彼らをして、後日の彼らたらしめたものだった。したがって主を愛する後代の人たちは、他の何よりもまさってこれがために、これらの使徒たちを羨《うらや》むのである。われわれには少し離れた所から主のご人格の特質を称賛し、それに憧れることしかできない。しかし生活を共にしながら、それらの特質を見、長い期間の強い感化力を感じることができた彼らは、なんと恵まれていたことか！　彼らは主の栄光を見、その力の下にあって生きたのであるが、はたしてわれわれは主のご人格の特徴を、十分に回想することができるだろうか。

109　イエスの人性——使徒たちが気づいた最も明瞭な特徴は、イエスがいつも明確な目的をもっておられたということであろう。これはたしかに彼のすべての言葉の中に響いている基調であり、すべての記録された行為の中に脈打つかのように感じられる鼓動である。イエスには、ご自身を導き動かしていく一定の目的があった。たいていの人は、とくにこれといった目的もなく、移りやすい気分や本能の衝動に動かされ、あるいは社会の流れの上に漂って、何一つ達成することなく、一生を終わる。しかしイエスの前には、明らかにある定まった目標があって、それに彼は没頭し、精力を傾注された。主は何事かをしない理由として、よく「わたしの時はまだ来ていない」と言われた。その計画があらゆる瞬間を占め、どの時間も、それぞれその定まった仕事のある部分を割り当てられているように思えた。これは彼の生活において、何かことを行う時の真剣さと迅速さとなって現れたが、たいていの人にはこれがまったく欠けている。そのために、彼は細事に精力を分散させたり、つまらないことに気をつかったりしなくてもよかった。明確な目標をもたない人は、こういったことにうつつを抜かすものだ。そのためイエスのご生涯は、活動は単調でなかったが、まとまりがあった。

110　これとごく密接に関連して、もう一つの著しい特質があった。それは信念と呼ぶことができる。イエスは自分の目的は実現するという驚くばかりの確信をもち、手段も反対も無視して進まれた。もし、ごく一般的に考えて、祖国を改革して永久的、世界的宗教運動を起こそうというその目標がいかに遠大なものであったかを思うならば、またイエスが実際に遭遇し、その目的を進めていく途中のあらゆる過程において受けるであろうと予見された反対を考えに入れるならば、そしてまた、人間としてイエスがどのようなお方であったか――無学なガリラヤの田舎者――を思い起こすならば、成功に対するゆるぎない彼の確信は、実際に収められた成功そのものと同じくらいに際立って見えるかもしれない。人は福音書を読み終えて、彼は何をなさったからそのような強い印象を世に与えられたのかといぶかる。彼はこのような結果を得るために、何も念の入った組織を作られなかった。イエスは、社会に影響を及ぼさんがために、学界、財界、政界の中枢部を抑えようとはされなかった。なるほど彼は教会を創立された。しかし、教会の性格に関する詳しい説明やその組織に関する規則は残されなかった。一徹な信念とは、頭脳をしぼって準備をなさず、ただ前進して定まった仕事をなすことである。信仰は山をも動かすことができると言われ、弟子たちに何よりも所望されたのも信仰だった。パウロが、素手同然で、笑いものになるような貧弱な装備で、ギリシャやローマの世界を征服しようとして出て行くにあたり、昂然として誇った福音の愚かさもこれであった。

111　イエスの性格の第三の著しい特徴は、それがたぐい稀《まれ》な独創的なものであったことである。たいていの人の生涯は容易に説明がつく。それはただ環境の産物、また現在彼らを取り巻いているもの、あるいは昔の人のそれと同じようなものの模写にすぎない。われわれの国の習慣や風習、今の世代の流行や趣味、伝統的な教育、自分が属する階級の偏見、自分が卒業した学校あるいは派閥の意見――これらのものがわれわれを形づくる。われわれは、偶然的な環境が組み合わさって決まった職に就く。われわれの確信は内から自然にできあがっていくのでなく、外からの権威によって押しつけられる。われわれの意見は、四方からの風に乗ってわれわれのほうへこま切れの断片として吹きつけられたものである。しかしどんな環境が、人間キリスト・イエスを形成したのであろうか。彼の時代ほど非生産的な時代はなかった。イエスは砂漠の中に伸びた丈の高い、みずみずしいしゅろの木に似ていた。ナザレのこせこせした生活の中に、そのような大人物を生むものとして何があったろうか。だれ知らぬ者とてないその邪悪な村が、どうしてそんな清浄な人を送り出すことができたであろうか。聖書学者が彼に単語や文法を教えたからだと、人は言うかもしれない。だがイエスの教えは、学者の教えと真っ向から対立した。教派の風潮は、彼の自由な精神を虜にはしなかった。彼の時代の人の耳にうるさく入ってくる雑多な音の中に、イエスは無視された真理の声を明瞭に聞き取られた。あらゆる偽りの、公認の、見せかけの敬虔の姿の背後に、人からは顧みられなくとも真に神を畏れる美しい姿を明瞭に見られた。イエスはこの世に存在していた何ものによっても説明することができず、またこの世の何ものも彼を生み出すことができなかった。主は内から成長された。自然と人生の事実を直視し、そこに見たものを信じ、自分の視覚が、他人が見えるといったものに惑わされることを許されなかった。イエスはみずから語られる真理にも忠実だった。出て行って、信ずるところをためらうことなく語られた。それは、祖国の制度や教義や風習を根底からゆさぶり、大衆がそれまで教育されてきた考えと数多くの点で、さまざまな形をとって対立した。その時代のユダヤは、まったく干からびた土地で、そこからは若々しい緑色のものが生長することは望めなかったが、彼は祖国の昔の歴史を振り返って、モーセや預言者の中に心のふるさとを求められたということも、あるいは考えられる。しかしイエスはいにしえの先達には深い愛着をおぼえ、絶えず親しんでおられたけれども、それらを自由に大胆に扱われた。彼らにあっては、まだ萌芽として教えられていただけの思想を完成した形で提示された。イスラエルの契約の神と、彼が啓示された天の父、祭司がいて血のいけにえを供える神殿と、霊と真理とによる礼拝、また民族的、儀式的な律法の道徳と良心にもとづく内面的な道徳、これらはなんと大いなる対照ではないか！　モーセやエリヤやイザヤと比較しても、彼はその卓絶性においてはるかに抜きん出ておられる。

112　イエスの性格の第四の非常に輝かしい特徴は、人間愛であった。主が明確な目的をもっておられたということはすでに述べたところであるが、生涯の大目的の下には、深い情熱、その目的を形づくり、支える情熱がなくてはならない。人間への愛は、彼を動かし鼓舞する情熱だった。それがどのようにして芽を出し、ナザレのような辺鄙《へんぴ》な所で成長していったか、また何によって培われたのか、詳しくは知られていない。ただ次のことだけはわかっている。イエスが公に姿を現されたとき、自己に対する愛を滅却し、人間の不幸に対する限りない憐憫の情を起こし、脇目もふらずに自己の生涯の事業に打ち込むことを得させたものは、この強烈な情熱であったということである。そのような情熱は、彼が人間の魂に無限の価値を認めておられたからこそ支えられていたということは、だれもが認めるであろう。それは、他の人が慈善を行うにあたってこしらえるあらゆる制約をいっさい取りはずした。階級や国籍が違うと、お互の関心がさめるのが普通である。それで、たいていどこの国でも敵を憎むことは美徳であると考えられてきたし、また公認されたマナーを無視するような人は、忌み嫌い、避けるのがあたりまえのようになっている。しかし、イエスはこれらの在来の因習には目もくれられなかった。それは敵、異国人、落ちこぼれの中に等しく感知された人間の尊厳という認識に迫られて、どうしてもそうせずにはいられなかったのだ。この驚くべき愛が彼の生涯の使命を形づくった。それゆえ、あらゆる形の苦痛や不幸に対して優しくて、強い同情を寄せられた彼が治癒の労をとられた。最も深い理由は、そこにあった。助けが最も必要とされている所へ、イエスのあわれみ深い心は引き寄せられた。だが、彼の愛が促したものは、とくに魂を救うことだった。彼は人の魂こそ本当の宝であり、何がなんでもこの魂を救うためには、全力を尽くさなくてはならないこと、またその魂の不幸、危険こそ何よりも危険なものであることを知っておられた。このような肝心なものを欠いた愛を他人に示した人もあったが、主の愛は知恵によって、彼が愛している者の最大の幸福へ向けられた。イエスは人々を罪から救っているとき、ご自分が本当に最善を尽くしているということを知っておられた。

113　しかし彼の人間性の最高の特性は神への愛だった。感情、思考、および目的において神と一つとなることは、人の最高の名誉であり、業績である。イエスはこの点完全であられた。われわれにとっては、神を実感することはたいへん難しい。大多数の人は、神について考えてみることさえしないし、敬虔な人でも、心を習慣的に絶えず神を実感するように訓練するには厳しい努力を要すると告白する。われわれが神のことを考えるとき、われわれの中にあるものと神の中にあるものとの間の不調和を意識して苦しむ。われわれはものの数分間といえども、神の思いはわれわれのそれではなく、また神の道もわれわれのそれではないということを意識することなく、神の御前にとどまっていることはできない。ところがイエスはそうではなかった。彼はいつも神を実感しておられた。神との直接的関係なくして一時だに過ごされたことはなく、一つの行動も起こされたことがなかった。神は、イエスが吸っている大気のように、あるいは全身に浴びて彼が歩いている日光のように、彼を取り巻いていた。イエスの思いは神の思いであり、彼の願いは神のそれといささかも異ならなかったし、彼の目的は、彼にとっての神の目的であることを固く信じておられた。どのようにして、神とのこのような絶対の調和を得られたのであろうか。彼の本性それ自身の内にある、神との完全な調和に帰せられねばならない点は確かに多いが、しかしある程度までは、彼もわれわれがそれを苦心して求めるのと同じ方法で得られた――つまり幼いころから親しんでおられた神の言葉の中にある神の考え、目的を学ぶことによって、それともう一つは、一生の間ずっと祈りの習慣を養うことによって。食事のひまがないときでも、祈りの時間だけはもたれた。最後に、神の考え、目的とは違った自分自身の目的を抱こうという試みを、きっぱり退けることによってであった。仕事に対する確信と大胆さの秘訣はここにあった。イエスは、それをなせという命令は神から出たものであり、それが成し遂げられるまでは、死を見ないのだということを知っておられた。自分を意識し、傑出した性格をもっておられた彼をして、柔和と謙遜の模範たらしめたものもこれであった。いつも、いっさいの思いと願いを父の御意にそうように努められた。生涯の危機的瞬間にも、行動にあのような崇高さを添えた平安と威厳ある冷静さの秘密は、ここにあったのである。最悪のことが起こっても、それは、彼にとっての父の御旨であると心得ておられた。それで十分だった。彼は完全な休息と沈黙を見いだすことができる、陽の燦々《さんさん》と照る場をいつももっておられて、周囲の喧噪と混乱を離れて、そこへ退くことができた。これは別離に際して弟子たちに、「わたしは、あなたがたに平安を残します。わたしは、あなたがたにわたしの平安を与えます」（ヨハネ一四・二七）と言われたとき、彼らに残された偉大な奥義だった。

114　イエスの無罪性がその性格の無上の属性として、たびたび論じられてきた。聖書は、アブラハムやモーセなどの大英雄の過失を卒直に記録しているが、イエスに関しては記録する罪をもたない。悔い改めの心こそ、昔の聖徒の最も著しい特徴である。彼らが聖徒として立派であればあるほど、自己の罪の深さを思う悲哀と嘆きは多く、また激しかった。しかし、イエスが史上最大の宗教的人物であることは、万人の認めるところであるにもかかわらず、彼は決してこのような聖者の特徴は示されなかった。一度たりとも罪の告白はされなかった。それは告白しようにも、告白する罪がなかったからだと言えないだろうか。しかし無罪性という概念は、その人格の完全さを言い表すのには、あまりにも消極的にすぎる。確かにイエスには罪がなかった。だがそれは、全き愛の人だったからである。神に対する罪は、神に対する愛の欠如の現れ、また人に対する罪は、人に対する愛の欠如の現れにすぎない。神と人間の両方に対して全き愛に満ちている者は、そのどちらに対しても罪を犯すことができない。父と人間に対するこのような全き愛がイエスの存在のあらゆる姿を支配し、その人格の完全さの本質を形成していた。

115　十二人の使徒があのようになったのもみな、主との長期間にわたる接触によって受けた印象に負うている。彼らが後に宣べ伝えたキリスト教の中心的真理、つまり、師のこの人間性の優雅さと威厳の背後には何かもっと尊貴なものがあるというこの真理をいつごろ悟り始めたのか、またどのような段階を経て彼らの受けた印象が熟していき、主の完全な人性が完全な神性と結合していることを十分に確信するまでに至ったのか、こういった点を正確につきとめることはできない。これは使徒たちに対するイエスの自己啓示の最終目的だった。しかし、イエスの死に接して弟子たちの信仰が挫けたことは、何事もなかったときには立派な信仰告白ができた彼らではあったが、このころにはまだ、彼の人格についての確信がどんなに未熟なものであったかを示している。長い間かかって自分たちの心の内に集積してきた変わりやすい印象をもった弟子たちにとって、復活と昇天の経験こそ、実に意義あるものとなった。それに触れたとき、今まで受けてきた印象は結晶して、彼らがそのように親しく交わることを許されていた人が、受肉された神であるとの絶対的な確信を得るに至った。

第6章　反対を受けられた年

116—118 彼に対する一般の態度の変化

119—135 反対の原因

119—131 有力階級からの反対

119 サドカイ人

120—130 パリサイ人の反対理由

122—123 彼らの偏見

124 イエスの質素な生まれ

125 イエスの弟子たち

126 言い伝えの無視

127 安息日

128—129 神を冒瀆し、悪魔と結託しているという非難

130 攻撃の進展

131 ヘロデ王

132—135 民衆の離脱

132 彼に対する一般の見方

133 五千人の給食の影響

134 イエス、王となる事を拒みたもう

136—143 今までと変わった活動の様相

136—138 弟子たちをふるいにかけられる

137　弟子たちと辺鄙《へんぴ》な地をさまよいたもう。彼らの大告白
138　受難の予告、彼らの鈍感さ
139―142　この期における彼自身の考えと気持ち
140　イエスしきりに祈りたもう　141　変貌
142　ガリラヤを退去し、エルサレムへ
143　議会による死刑判決

＊　＊　＊

第６章　反対を受けられた年

116　まる一年、イエスはガリラヤで絶え間なく、精力的に仕事を続けられ、奇跡の力による助けを請い求めるあわれな群衆に仕え、あらゆる機会をとらえては、恵みと真理の言葉を群衆に、あるいはひとり真剣に尋ね求めてくる人に語られた。イエスが健康と喜びを取り戻してあげられた家庭は何百とあったが、彼のことは四六時中話題となった。またイエスの説教に心の底からの感動を覚えた人は何千人とあったが、そのような人たちの胸は、感謝と愛でいっぱいだったに違いない。イエスの令名はますます鳴り響いていった。一時

は全ガリラヤの人が彼の弟子となり、この運動はあらゆる反対を押し切って南下し、全国をこの医者に対する愛と、この教師に対する服従の中に包み込んでしまうかとさえ思われたほどであった。

117 だが、一年経つか経たぬかという時に、こういうことは起こり得ないということが、悲しくも明らかになってきた。ガリラヤの人々の心は硬い石の土壌であることが見えてきた。御国の種はすぐ芽を出したが、芽を出したと思うとすぐ枯れてしまった。その変化は、突然であり、また徹底していたので、同時にイエスの生涯のあらゆる様相をも変えてしまった。イエスはそれからなお六か月、ガリラヤにとどまっておられたが、この六か月は最初の十二か月とは似ても似つかないものだった。彼のまわりから起こる声は、もはや感謝と称賛の叫び声ではなくて、痛烈な、冒瀆的な攻撃の怒声だった。かつてはどこへ行かれても、奇跡を経験しよう、あるいはそれを見ようと待ち構えている人々の歓迎を受け、一言も聞きもらすまいとする熱心な群衆を従えて、ここかしこと移っていかれたものだったが、そのような姿はもう見かけられなかった。まるで落人《おちうど》だった。辺鄙《へんぴ》な所を求めてさまよわれ、お供の者もほんのわずかだった。六か月後、ガリラヤを永久に去られたが、それは、予期に反して、民衆の歓呼の波に乗り、この国の南部の人の心をやすやすとつかみ、国民の一致した声に抗しえないでいるエルサレムを勝利をもって占拠するためではなかった。彼はもう六か月、南部のユダヤとペレアで働かれはしたが、最初の奇跡が行われた所には、ガリラヤでの最初の喜びに溢れた数か月に、彼を迎えたあの熱狂は待っていなかった。忠実な弟子を二、三人増やすのが精いっぱいだった。ガリラヤを退去された日から、顔をしっかりとエルサレムに向けられた。ペレアとユダヤでの六か月は、エルサレムへゆっくりと旅をしているうちに過ぎ去ったことであろう。しかしイエスはこの旅が始まるときには、都では、自分は熱狂した人々の心、確信した人々の心に対する勝利を得るのでなく、国をあげての最後の拒否に遭い、冠を戴せられるのではなく、殺される運命にあることをはっきり確信しておられて、そのことを弟子たちにも明言された。

118　われわれは、このガリラヤの人々の態度の変化の原因と、またイエスの一生の中でのこの悲しい転機を探ってみたいと思う。

119　最初から学者や有力者たちは、彼に反対の態度をとっていた。しかし、その中で世俗的なサドカイ人やヘロデ党は、長い間イエスにあまり関心を示さなかった。彼らの関心事は富、宮廷勢力、娯楽であった。下層階級の間で進行している宗教運動などは、どうでもよかった。メシヤを名のる人物が現れたという噂も、彼らの興味をそそらなかったのは、一般民衆のようにメシヤを待望はしていなかったからである。彼らは、民衆が変なことを考え出すときまって出現するペテン師が、また現れただけさ、と語り合った。彼らがイエスに注目しだしたのは、この動きがローマの主人の鉄の手をこの国に打ちおろさせ、総督に新たな搾取の口実を与え、自分たちの財産と楽しみを脅かすであろう政治的反乱に発展しそうな気配があると感じたからだった。

120 しかし、上層部のパリサイ人や律法学者とかいった宗教家の場合は、事情はまったく違っていた。彼らはあらゆる宗教的な現象に、非常な関心を抱いていた。民衆の宗教的な動きは、彼らの熱心な注目を浴びた。それは、彼ら自身が民衆に影響をふるうことには熱心だったからだ。預言の響きのこもった新しい声、新しい教えは、すぐさま宗教家たちの耳をそばだてさせた。しかし、中でも自分自身をメシヤだと公言する人が、最大の興奮を彼らの中に巻き起こした。当時外国人の圧制下にあえぎ苦しんでいた彼らは、熱心にメシヤを待望していた。彼らを現在のスコットランドと比べると、今日の教職者や教会の指導的信徒に相当し、人数の点からいっても、だいたい同じ割合を占め、勢力の点でもほぼ同じであった。その数は六千人と見積もられている。そして国内では紳士的で、上品さと伝統を守る保守派で通っていた。そして一般大衆からは、あらゆる宗教上の事柄を判断し、決定する権限をもった人として、尊ばれていた。

121　イエスを軽視したといって、彼らを咎めることはできない。最初からイエスに対しては、真剣な注意を向けていたからである。そして彼に一歩一歩ついて行った。その教えや主張を論議して、彼らの見解を決めた。彼らの決定は、イエスの考えとは反対だった。そして一時も活動を怠ることなく、それを実行に移していった。

122　イエスを退け、追跡して捕らえ、殺害した人が、国内では一番人望のある人で、国民の教師、模範であり、聖書と過去の言い伝えに熱心な信奉者――熱心にメシヤを待っていた人たち、聖書に従って（と彼らは考えた）イエスを裁き、あのような仕打ちにあわせているときも、自分たちは良心の命令に従っており、神に仕えているのだと考えた人たちであった。このことは、悲劇的なキリストの生涯の中で、最も驚くべき厳粛な事実であろう。福音書を読んで彼らに対するあわれみの気持ち、一種の同情が湧いてくるのをどうすることもできないことがある。イエスは、彼らが望んでいた、また祖先から待望するように教えられてきたメシヤとは、あまりにも掛け離れていた！　イエスは彼らの先入観や主義に真正面から反対し、神聖なものとみなすように教えられたものを踏みにじった。彼らは確かに同情に値する。いまだかつて、彼らの犯した罪のような大罪はなく、彼らの受けた罰のような罰はなかったのだ。世界史の危機の場面に遭遇して、時勢の流れを理解できないために致命的な過ちを犯す人の運命にまつわる、あの悲哀が彼らにも感じられる。たとえば、宗教改革の時に、摂理の神の行進に加わり得なかった人たちのように。

123 それにしても、真相はどうだったのだろう。光を認めることができないほどに、罪のため目が閉ざされていたのである。彼らのメシヤ観は、世俗的で、また霊性を欠いた数世紀の間に、完全にゆがめられていた。そして彼らもこのような風潮を受け継いでいた。イエスが、彼らとその祖先たちが神の言葉にみだりに付け加えた儀式を守らないといって、また彼ら流の善人という概念にイエスが合致しないからといって、罪人と断じた。イエスは証拠を彼らに十分に供せられたが、それを見る目まで与えることはできなかった。ふつうの人ならば、心の奥にはどこか、真なるものがあるもので、たとえどんなに長く、深く、偏見と罪の下に埋もれていたにしても、真なるもの、尊いもの、純にして偉大なるものが近づくと、それをとらえようとして、小躍りして喜ぶものである。ところが、彼らのどこにもそのようなものは見当たらなかった。その心は干からび、頑なになって死んでいた。イエスを判断するのに、おきまりの規則と勝手な基準をもちだしてきて、彼の偉大さを見て、自分たちの批判的な態度を改めるということがなかった。イエスは真理を彼らのそばまでもってこられたけれども、彼らはその快い響きを聞き分ける、真理を愛する耳をもっていなかった。天使の長《おさ》も顔を隠すほど純白なものを彼らの近くにもってこられたが、それを彼らは畏れなかった。慈悲と天来の愛を間近く示されたのに、彼らのかすんだ目は何の反応も示さなかった。このような態度を恐るべき不幸としてあわれむのも良いが、それを恐るべき罪として、恐れおののくほうが良い。人は悪くなればなるほど、罪を犯すことは避けられなくなる。民族の罪が、数世紀もの流れを経て大きくなればなるほど、なにか恐ろしい国家的な罪は避けがたくなる。しかし、ひとたびその避けがたいものが起こると、それはただあわれみの対象だけでなく、神を思う義憤の対象ともなる。

124　初めから彼らのイエスに対する対抗心を刺激したものの一つに、生まれの賤しさがあった。彼らは金持ちや学者にありがちな偏見に目が眩《くら》んで、身分や教養などのアクセサリーを別にして、魂の偉大さを認知するということができなかった。イエスは民衆の子だった。かつては大工だった。彼は辺鄙《へんぴ》で、不義のガリラヤで生まれたものと、彼らは信じていた。エルサレムの学校も出られなかったし、そこにある権威ある知恵の井戸の水も飲まれなかった。預言者、中でもメシヤたる者はユダヤに生まれ、文化と宗教の中心であるエルサレムで育てられ、国内の著名な有力人と関係すべきものであると彼らは考えた。

125 同じ理由から、イエスが選ばれた弟子や交際相手も、彼らには気にくわなかった。彼が選びたもうた器は、賢い、名門の出である彼ら自身の中から選ばれず、教育のない、平凡な貧しい漁師だった。その中の一人は取税人でさえあった。イエスがなされたことで、おそらく、取税人マタイを使徒に選ばれたことくらい、彼らを立腹させたものはなかった。外国の手先である取税人は、愛国的で、ちゃんとした人々から、その職業のゆえに、搾取のゆえに、またその性格のゆえに、憎まれていた。地位や学問のある人々が、彼のこのような群れに入るなどということを、イエスがどうして望むことがおできになったであろうか。それのみならず、彼は取税人、遊女、罪人、などといった最下層の人々とも抵抗なく交流された。キリスト教の時代になってから、われわれは他の何ものにもまして、このことのためにイエスを愛することを学んできた。もしイエスが本当に罪から人を救う救い主であったら、救いを最も必要としている人々の中が最もふさわしいところであったということは、容易に理解できる。失われた者の中には、自分から選んで罪人となったというより、環境の犠牲となった人が多いこと、また、そのごみの上に磁石をもっていったら、たくさんの貴重な金属が吸い付けられるだろうということを、イエスがどのようにして信じられるに至ったかを、われわれはいま知っている。あれ以来、きよい心の持ち主、高貴な生まれの人がイエスにならって失われた人を求め、失われた魂を救うために、不潔と悪の巣窟へ足を踏み込むようになった。しかし、そのような考え方はイエス以前にはなかった。社会の常軌の外にはみ出た多数の罪人は、社会の敵として白眼視され、憎悪され、彼らを救うための努力は何一つとしてなされなかった。それどころか、宗教上の栄誉を求める者は、そのような人たちに触れることすら汚らわしいことだと思っていた。パリサイ人シモンは、イエスをもてなしているとき、イエスが預言者であって、もし彼に触っている女の素性を知っておられたら、その女を追い払われるはずだと信じていた。当時の風潮は、まあそういったところだった。しかしいくら時代がそういう時代であったにしろ、イエスが新しい理念を世界にもたらして、神から来るあわれみを示したもうたとき、彼らはそれを認めてしかるべきだった。もし彼らの心がまだ完全に頑なに、残忍になりきっていなかったのなら、人間に対する神のこの思いやりをこおどりして迎えたことであろう。罪人が今までの悪しき道を棄て、悪しき女が失われた過去を悲しみ、ザアカイのような搾取者がまじめな、寛大な人間に変えられていく光景を見て、彼らは喜んでよいはずだった。しかし事実はそうでなく、イエスをその憐憫のゆえに憎むのみで、取税人の友、罪人の友とまで呼んだ。

126　彼らの反対の第三の、そして、きわめて重大な理由は、断食とか食前の儀式ばった手洗いなどの多くの儀式的習慣を、イエスがみずからも実行されなかったし、弟子にもさせられなかったということだった。そのころは、こういったものが聖人のしると考えられていた。このような慣習がどのようにして起こってきたかは、すでに説明したが、それは、真剣ではあったが活気のない時代に、ユダヤ人の性格の特殊性を強調するためと、ユダヤ人と他民族との差別を維持するために考え出されたものである。初めの意図は良かったが、結果は嘆かわしいものとなった。それが人間の考え出したものであることはすぐ忘れられて、神が命じられた義務だと想像され、その数は増えていって、ついには一日のあらゆる時間と、日常のあらゆる行為を規定するまでになった。こういったものを大多数の人は、真の敬虔と道徳の代用にした。弱い良心にとっては、堪えがたい重荷であった。足一歩動かしても、指一本あげても、その中のどれか一つに違反せずにはすまなかった。だが、だれひとりとして、その権威を疑う者はなく、それを丹念に守ることが敬虔な生活のしるしぐらいに思われていた。これをイエスは、当時の大きな悪とみなされた。したがってそうしたことを無視し、他の者にもそうするよう勧められた。しかしそれと同時に、彼らを正義と恵みと信仰との大原理に連れ戻し、良心の尊厳さと律法の深奥なることと霊的であることとを感じさせるように努められた。けれども結果においては、イエスは不信心な人、民衆を惑わす者とみなされることとなった。

127　イエスと宗教教師たちとの間のこの差異が外に現れたのは、特に安息日問題に関してであった。この方面においては、彼らが考えだした制約と独断的規則は恐ろしいほど過度の域に達し、ついには、安息と喜びと祝福の日であるべき安息日を、堪えがたい重荷に変えてしまった。イエスはよく安息日に病人を治療された。宗教教師たちはそれを戒めの違犯だと断じた。「人のためにつくられた」ものであるという律法の本質を説明し、また昔の聖徒の行いや、彼ら自身が聖なる日に行っていることなどを引き合いに出して、その抗議が無根拠であることを幾度も指摘された。しかし彼らは悟らなかった。そしてイエスが、自分たちの反対を押し切って行動されるので、このことが長く彼らの激しい憎悪の原因となった。

128　このようなくだらない根拠に立って、こういった結論に達したのであってみれば、イエスが自分はメシヤであることを宣言し、罪を赦すと言われ、神とご自身の深い関係を知らせたとしても、彼らが、そのような驚くべき主張に耳を貸そうとしなかったことは容易に理解されよう。イエスはペテン師であり、欺瞞者であると断じ、そのような主張を忌むべき冒瀆とみなした彼らは、その口を塞ごうと願わずにはいられなかった。

129　彼らがイエスの奇跡を見ても悟らなかったことは、意外なことである。彼について記録されている多数のすばらしい奇跡が本当に行われたのならば、どうして彼らは、イエスの神としての働きであることのそのような証拠を退け得たのであろうか。イエスが癒した目の見えない人について、その癒しが事実であると言い張る者と、権威を笠にきる者たちとの間に行われた論争――ヨハネの福音書九章に記されている事件――は、いかに彼らが時として激しい抵抗に遭遇したかを物語っている。だが彼らは、それに対しては不敵な返答をするだけで満足していたが、ここで、ユダヤ人の間では奇跡が決して神の働きの決定的な証拠とみなされたことはなかったということを記憶しておかねばならない。奇跡は、真の預言者はもちろん、偽預言者にもできることであって、神の働きでなくて、悪魔の働きに結びつけることさえ可能であった。奇跡が神の働きなのか、悪魔の働きなのかは、他の根拠に基づいて決定されるべきことであった。そして、そういった他の根拠に基づいて、彼らはイエスは神から遣わされた者ではないとの結論をくだし、その奇跡を、闇の力との結託に帰した。イエスはこの不敬な解釈に対して、義憤をぶちまけ、これを徹底的に論破された。だが、それが彼の反対者が安心して自己を防禦するために選びそうな論拠であったことは、容易に理解できるであろう。

130　彼らがイエスに対して反対の態度を決めたのはかなり早かったが、その態度を終始変えなかった。ユダヤ伝道の最初の年に、すでに反対の態度をとっていた。ガリラヤでの成功の知らせが伝わるや、彼らはびっくりして、現地にいる味方と提携して、イエスへの攻撃に当たらせるために、エルサレムから使者を派遣した。イエスはその喜びの年にも、彼らと衝突を繰り返された。初めのうちは、彼も理解をもって彼らの理性と心情とに訴えられたものの、やがてそのような対応に望みのないことを知り、彼らの攻撃を避けがたいこととして迎えられるようになった。彼らの見せかけの敬虔の空虚さを聴衆の面前に暴露し、彼らに気をつけるように弟子たちに注意された。その間に彼らは、ありとあらゆる手を尽くして、民衆を彼に敵対させようとした。そして、それは大成功を収めた。その年の末、人気の潮が引き始めたころ、彼らはいよいよ公然と攻撃を加え、勢いに乗って前進した。

131　宗教教師たちはすでにこのころから、サドカイ人やヘロデ党の者の無関心さを、イエスに反対の方向へかきたてることにも成功した。ガリラヤを治めていた彼らの主人ヘロデの王位を危くしかねない人民の反乱をイエスは助長しているのだと言って、ヘロデ党の人たちをうまくまるめこんだ。下劣で平凡な王自身も、イエスの迫害者となった。王には、腹心が教えた理由のほかにも、イエスを恐れる理由があった。ちょうどこのころ、ヘロデはバプテスマのヨハネを殺した。それは歴史に記録されている最も下等で不正な罪の一つであり、罪は罪を招くという真理の恐るべき一例であり、また悪女が執拗に恨みを晴らした一例でもある。その直後、重臣たちが来て、イエスが危険な政治的意図をもっておられるとまことしやかに伝えた。しかし、新しい預言者が現れたとの知らせを聞いたとき、ある恐ろしい考えが、自身の罪意識にさいなまれるヘロデの良心をかすめた。彼は叫んだ。「私が首を刎《は》ねたあのヨハネが生き返ったのだ」（マタイ一四・二参照）。それでもなお、イエスに会いたいと思った。好奇心が恐怖に打ち勝ったのであった。それは、ライオンが子羊を見たいと願うようなものであった。イエスはその招きに応じられなかった。しかし、そのためにヘロデはイエスを危険人物として、捕らえるべきだという臣下の進言をとりあげたかもしれない。まもなく、彼はイエスの命を狙うようになり、イエスはその手から逃れなければならなかったが、このことは他のこととあいまって、イエスの最後の六か月のガリラヤにおける活動の性格を変えた。

132 一時は、彼が民衆の心を固くとらえて、容易に国民全体の承認をかちとられるのではないかと思われた。最初は当局や高官連から眉をひそめられた運動も、下層階級に及んで、民衆の熱狂的支持を得ることによって上層階級にも浸透し、勢力の中枢を動かすようになることは稀《まれ》ではない。民衆の支持は、ある点まで到達すると、洪水のようにせきって流れ始め、どのような偏見も、役人の嫌悪も、絶対にそれを押しとどめられないのである。イエスは、自分自身をガリラヤの民にささげられ、民はそのお返しとしてイエスに愛と称賛を与えた。パリサイ人や学者のように、彼を憎み、大食家や大酒飲み呼ばわりするのではなく預言者と信じた。イエスを過去の最も偉大な人物と比べて、その教えの崇高な面に心をうたれた者は、イザヤが、教えの悲哀に心を動かされた者は、エレミヤが生き返ったのだと言った。当時一般に、メシヤ来臨に先立って、ある預言者がよみがえるということが信じられていた。最も一般に考えられていた人はエリヤだった。したがって、ある者はイエスをエリヤだと言った。しかし人々は、イエスはせいぜいメシヤの先駆者であって、メシヤそのものだなどとは思いもしなかった。イエスは、民衆が考えているはなはだしくこの世的な来たるべきメシヤ像とは、似てもつかなかった。非常に目覚ましい奇跡を行われたようなとき、この人がメシヤではないかという声もなくはなかった。しかし、イエスの行いや言葉はどれほどすばらしくとも、総じて彼らの先入観とはまったく掛け離れていたので、真理は民衆の心を固くとらえることができなかった。

133　しかしながら、ついに決定的な時が来たようであった。それは、これまでにもたびたび言及したあの重大な転換期、すなわち、ガリラヤでの十二か月の終了の時であった。イエスはバプテスマのヨハネの死の知らせに接せられるや、ただちに弟子を伴って、人里離れた荒野へ急ぎ、そこでこの悲劇的な出来事について熟考し、彼らと語り合われた。舟で湖の東側へ渡り、ベッサイダの草の青々茂った野に上陸して、十二使徒といっしょに、とある山に登られた。しかし、すぐそのふもとには、何千人とも知れぬ群衆がイエスの話を聞き、その姿を見んものと集まって来た。彼らはイエスの居所を尋ね当てて、八方から集まって来たのだった。他人のためにはいつでも自分を犠牲にされたイエスは、彼らに語り、その病を癒すために山を下られた。話はいつ果てるともなく、夕闇も次第に迫ってきたころ、困っている群衆に対する強い憐れみの情をどうすることもできずに、五千人に給食するという、すばらしい奇跡をなされた。その効果はすばらしかった。群衆は、ただちにこの人はメシヤ以外の何者でもないことを悟り、自分たちのメシヤ観にしたがって、イエスを力ずくで王にしようとした。彼をメシヤの反乱の指導者にしたてれば、カイザルと、彼が他の領地に任命した二級の王から王位を奪取することができる、と思ったのである。

134　それは輝かしい成功の時のように思われた。しかし、イエス自身にとっては、悲しく、つらい恥辱の時であった。これが一年間の収穫のすべてなのか！　いまだに彼らは、イエスをこの程度にしか考えていないのか！　あなたは私どもに、どういうことをせよと仰せられるのですか、とへりくだって尋ねるのではなくて、イエスの未来の行動の方向を決定しようとまでしていた。彼はそれを、ガリラヤでの働きの結果の決定的な表示として受け取られた。その結果がいかに浅いかを見抜かれた。ガリラヤは御国の中心として、他の地域へ勢力を伸ばしていくための出発点となる価値のないことを、みずから証明してしまった。イエスは人々の世俗的な欲望を逃れて、その翌日、民衆と再びカペナウムで会われた際、彼らがどんなに誤解しているかを語られた。彼らは、こぼれるばかりのミルク、働かなくともあらゆる娯楽を保証してくれるパンの王様を期待していたのである。イエスが与えようとしておられたのは、永遠の生命のパンだった。

135　彼の話は、群衆の火のような熱狂に向けてぶっかけられた冷水のようなものだった。その時から、イエスのガリラヤでの活動は閉ざされた。「弟子たちのうちの多くの者が離れ去って行き、もはやイエスとともに歩かなかった」（ヨハネ六・六六）。それは、彼が意図しておられたことだった。自分の人気に致命的打撃を加えたのは、イエスご自身だった。この時以後は、自分を真に理解し、精神的な事業のになない手となり得る少数の人に全力を注ごうと決意された。

136 今までと変わった活動の様相――ガリラヤの大多数の人たちがイエスにはふさわしくないことをみずから証明したけれども、それでもなお、忠実な人が何人かはいた。その中心として使徒たちはあったわけだが、ほかにも、数にしておそらく数百人に達する弟子があった。これらの人に、イエスの特別な関心が向けられた。イエスはガリラヤが自分を見捨てたとき、この人たちを、あたかも火の中から取り出した燃えさしのように救われたのだった。弟子たちにしてみれば、それは厳しい試錬の時に違いなかった。弟子らの考えも、民衆のそれと五十歩百歩で、世俗的な華美をほこるメシヤを期待していた。もっとも彼らは一般の人より、深い、より霊的な要素を考えていたが、やはりそれだけではなく、依然として伝統的、物質的な見方から脱しきれなかった。いつまでたってもイエスが冠を戴かれないことは、彼らにとっては、さぞかしいらだたしく、また腑に落ちないことであったろう。これが、ひとり寂しく牢屋につながれているバプテスマのヨハネには、あまりにも苦痛であったので、かつてヨルダン川の岸で見た幻や一生の大きな確信は、妄想ではなかったのだろうかと疑い始め、使いをイエスのところにやって、彼が本当にキリストであるかどうかを問わしめた。ヨハネの死は、弟子たちにとっては、大きなショックだったに違いない。もしイエスが、彼らが考えている「力ある人」であれば、どうして自分の友人がそのような最期を遂げるのを見逃すことができるのだろうか、と彼らは自問した。しかし弟子たちは、なおもイエスを離れなかった。自分たちをイエスから引き離さないでいるのは何であるかが、次の返答に表れていた。カペナウムでの説教に続く弟子たちの離散の後で、イエスが「あなたがたも去ろうとするのか」と悲しい質問をされたとき、弟子たちは「私たちはだれのところに行きましょう。永遠の生命の言葉をもっているのはあなたです」と答えたのだった。彼らの考えは明瞭ではなく、霧のようにもやもやしていたが、自分たちはイエスから永遠の生命を得ているのだということを知っていた。これが彼らを主に固くつなぎ、主が事を明らかにされるまで待つことをいとわなかったのも、このためだった。

137　イエスがガリラヤで過ごされた最後の六か月は、説教と奇跡という今までの仕事を大方やめて、これらの弟子たちの教育に専念された。できるだけ人目を避けるために、最も辺鄙《へんぴ》な所を弟子たちとともに回られた。われわれは、はるか北西方、ツロやシドンで、また遠く北東のピリポ・カイザリアで、また湖の東南方デカポリスでイエスとでくわす。これらの旅――むしろ逃避行といったほうがよいかもしれない――は、一面においては、パリサイ人の激しい反対やヘロデに対する恐れのためでもあったが、弟子たちとだけになりたいという願いによるものでもあった。その貴重な結果は、ピリポ・カイザリアで起こった一事件となって現れた。イエスは、人はわたしのことをどう考えているか、と弟子たちに尋ね始められた。彼らは、当時乱れ飛んでいた種々な推測――預言者だ、エリヤだ、いやバプテスマのヨハネだなどといった噂をもちだした。「それでは、あなたがたはわたしをだれと言うか」と聞かれて、ペテロは皆に代わって答えた。「あなたこそ、生ける神の子キリストです」と。これは、熟考したうえで到達した確信であって、これだけは、何事が起ころうとも決して捨てない覚悟を彼らは決めていた。イエスはその告白を聞いて非常に喜ばれ、その告白をした人々の中に、未来の教会の中核を認められた。教会は、彼らが言い表した真理の上に建設さるべきであった。

138 しかし、こうして弟子たちが一歩前進したことは、次の新しい信仰の試練に彼らを備えたにすぎなかった。その時からイエスは、近づきつつある苦難と死を彼らに教え始められたと聖書は告げる。これは今や、イエスの前に期待されるべきその生涯の唯一の結末として、はっきりと浮かび上がってきた。イエスは以前にもこのことを、ほのめかされたことはあったが、こまやかな心遣いをもって、自分の教えを彼らの理解力に合うようにされ、このことにはそう何度も言及されなかった。しかし、今は彼らはある程度それに堪えられるようになっていた。そして、それはどうしても避けられないことだったし、また間近に迫っていることでもあったので、イエスはそのことを絶えず強調された。だが彼ら自身の発言から、弟子たちが少しもイエスを理解していなかったことがはっきりする。同胞と同じように、彼らが期待していたメシヤも、ダビデの王座につき、限りなく世を治められるといったものだった。弟子たちは、イエスはこのメシヤだと信じていた。だから世を治めるどころか、エルサレムに入られたときに殺されるなどということは、まったく不可解なことだった。イエスの話を聞き、互いに論じ合ったが、そのようなことのありえようはずがないと、頭から思い込んでいた。彼らは思った。先生はあのお得意のたとえを使っていらっしゃるだけで、真意は、先生の仕事に見られる現在のみすぼらしい姿はやがて消え去り、その大義が輝かしい形をとって墓から上ってくるのだということなのだ、と。イエスは近づきつつある苦難をいよいよ詳細に示して、弟子たちに悟らせようと努力された。しかし、彼らの心は真理を受け入れることができなかった。最もすぐれた弟子でさえも、まったくこの点を悟るに鈍かった。将来の御国で最も大いなる人はだれだろうかということを、彼らがこのころ盛んに論じ合っていたことや、サロメが、御国で息子の一人は右側に、他の一人は左側にすわらせてくださるようにと頼んだりしているのを見ても、このことは明らかである。彼らはガリラヤを去って、エルサレムへ上って行ったとき、「神の国は直ちに出現する」という確信を抱いていた。すなわち、イエスは都に着かれたら、今までかぶっておられた謙卑の仮面をかなぐりすて、隠された栄光を表して、あらゆる反対を押しきり、祖先の王位につかれるだろうと思ったのである。

139　この年、イエス自身はどういうことを考え、どういう気持ちでおられたのだろうか。イエスにとっても、この一年はつらい試錬の一年だった。今はじめて、心配と苦労のために、その顔には深いしわが刻まれた。ガリラヤでの十二か月は、いつも成功の喜びに心が支えられていた。けれども、今は本当の意味で、悲しみの人となられた。イエスの背後には、ガリラヤの人たちからの拒否があった。イエスが力を注がれた土地が不毛となっていくのを見て感じられた悲嘆は、彼が救おうとした魂への愛の大きさと、仕事に対する熱意とによってのみ測り知ることができる。目の前には、エルサレムでの反対が見えていた。それはもう確実であった。それは、目を前途に向けられるたびごとにイエスの目に鮮やかに映った。それは、彼の念頭を片時も去らなかった。恐ろしい様相であった。そして、その瞬間は刻々と迫り、思うだに恐ろしい感情の葛藤を伴って、彼の魂をゆさぶった。

140　イエスは多くの時を祈りに費やされた。祈りは生涯彼の喜びであり、支えであった。しばしば、その日の仕事に疲れきって、夕方近くなると極度の疲労のために身を投げ出したくなられることもあったが、そのような忙しい時でも、群衆と弟子たちを逃れて、山へ行かれ、そこでただひとり、父との交わりに夜を明かされるのだった。何か重要な処置をとる時は必ず、そのような夜を過ごされた。しかし今は、これまでよりもひとりでおられることがずっと多くなり、そのような時に、激しい叫びと涙とをもって神に訴えられた。

141　イエスの祈りは、変貌の時にすばらしい答えを与えられた。そのすばらしい光景は、攻撃の年の中ごろ、ちょうどガリラヤを去って、運命の旅に発たれる直前のことであった。それには、彼について山頂まで来た三人の弟子たちの信仰を強め、彼らが同僚たちを力づけられるようにしようという意図が幾分かはあったが、おもにイエスご自身のために意図されたものだった。それは父からの大きな賜物であり、この時までイエスが忠実であられたことの承認であり、また前途に横たわっている運命に対する準備でもあった。イエスが偉大な先駆者モーセとエリヤと話されたのは、ご自身がエルサレムで迎えられるはずの死についてであったが、彼らはイエスを理解することができる人たちであり、彼らの仕事はイエスの死によって完成されるはずであった。

142　この事件の直後、彼はガリラヤを後にして南部へ行かれた。エルサレムへの旅は六か月を要した。全地にあまねく御国を宣べ伝えるのも彼の使命であったから、そうされた。イエスはあらかじめ七十人の弟子を送って、ご自分を迎える村や町の準備にあたらせられた。この新しい場所でも、ガリラヤ伝道の最初の六か月に起こったことと同じことが起こった。彼の後をついてまわる大群衆、驚くべき癒し、など、この時期のイエスの足跡を一歩一歩たどっていけるだけの十分な記録が、われわれにはない。彼はサマリヤの僻地や、ペレアや、ヨルダンの岸や、ベタニヤ、エフライムの村に姿を現しておられる。しかしながら、目当てはエルサレムだった。イエスはそこへ行くべく堅く心を決めておられた。彼を待ち受けている運命を思ってすっかり心を奪われた時など、黙って急がれる主の姿を追って道を行く弟子たちは驚き恐れた。イエスは、子どもらを祝福したり、ベタニヤにある友人の家を訪ねたりして、しばらく歩調をゆるめられることもあった。しかしこのころの彼の態度は、かつてなかったほど厳しく、真剣で、またはなはだしく緊張しておられた。敵との戦いは今までになく激しさを加え、弟子になろうという人には、ますます厳重な条件をつけられた。あらゆることが、終末の近づきつつあることを表していた。イエスは人類の罪を贖うという遠大な目的をしっかりつかみ、その魂は、その目的が達せられるまではかたく緊張していた。

143　最後は駆け足で近づいてきた。最後の六か月の間に、最終の訪問の前に、イエスは二回だけエルサレムを短期間訪ねられた。権力者たちの攻撃は二度とも、きわめて威嚇的な形をとった。最初の時には逮捕しようと、二回目には石打ちにしようとして石を拾いあげた。イエスをメシヤと認める者は村八分にするという布令がすでに出ていた。しかし、権力者たちがイエスの殺害以下のことではとても満足できないことを確信したのは、都の入口で起こったラザロの復活によって、民衆の中に引き起こされた興奮によってであった。このためにイエスの死刑が議会で議決された。最後の時を十二か月後にひかえてのことであった。しかし、イエスは、その間エルサレムの近隣を避けられなければならなかった。彼はただ、父が定められた時刻が報ぜられるまで、退いておられたにすぎなかった。

第7章　最後

144 過越
145―152 国民との最後の訣別
145 ベタニヤ到着
146―149 勝利のエルサレム入城
150 論争のあった祭りの大いなる日
151―152 イスカリオテのユダ
153―162 死を前にしてのイエス
153―154 錯綜する思い
155 死の前兆、ギリシャ人の訪問
156 祖国へのあわれみ
157―158 孤独
159 祈りの慰め
160 二階の部屋で
161―162 ゲツセマネの園
163―189 裁判

第7章　最　後

164―165　二重の裁判
166―173　宗教裁判
166　アンナスによる審判
167―171　カヤパによる審判、冒瀆罪
172　異例の処置
173　イエスに対する愚弄
174―189　ローマ側の裁判
174―180　ピラトによる第一回目の審判
174―176　宮廷への行列
177　訴訟
178　ローマに対する罪状
179　「真理とは何か」
180　無罪宣告
181　ヘロデによる審判
182―189　ピラトによる再度の審判
182　ピラトの政策
183　バラバ
184　鞭打ち
185　エッケ・ホモ（この人を見よ）
186　ピラトの宗教的恐怖
187　皇帝に訴えるという脅迫
188　ピラト譲る

189 ユダヤ人はその歴史を放棄する

190—198 処刑

191 群衆　192 カルバリ　193 この種の死刑の恐ろしさ

194 それに対する主の勝利　195 主の苦悩

196 世の罪を負って　197 暗黒　198 最後の言葉

199—205 復活と昇天

199 キリスト教は滅びたか　201—202 弟子たちの失望

203 キリスト教の復活　204 復活の主　205 昇天

206—208 結語

＊　＊　＊

144 彼の伝道第三年目もついに終わりに近づいて、四季はめぐり、一年の中でも最大の祭りである過越の祭りがやってきた。このころには二、三百万人もの人がエルサレムに集まったという。祖国の歴史の基《もとい》となった出来事を祝うために、パレスチナはもちろん、遠くアブラハムの子孫が散らばっているすべての国々から、海を越え、野を越えてやってきた。その動機はさまざまだった。厳粛な思いをもって、過去のあの輝かしい出来事の思い出に深い宗教的な喜びを感じてきたものもあれば、お互いに遠く隔たって住んでいて、ついぞ会うこともなかった親類や友人と再会することを、おもな目的としてきたものもあった。そのような大勢の人の中で、ひともうけすることに熱心な賤しむべき連中も、少なからずあった。しかしこの年は、人々は異常な興奮にかられて、以前とは何か違ったことを見ることを期待しながら、都へ上ってきた。祭りの時にイエスに会おうと思っていた彼らは、イエスに何事が起こるだろうかとさまざまに空想してみた。道に群れをなして歩く巡礼者たちの間で、また、小アジアやエジプトからの船の甲板で話をしているユダヤ人の間で、なにかというとそのことが話題にのぼった。きっと、そこに来ていた弟子たちも、国民のこの集いの中で、主が、その栄光を覆い隠している謙遜という仮面をはずして、メシヤであることを現してくだされぱと切望していたに違いない。この人たちも、彼の最初の年の末に、南部から、数千人が集まってきていたに違いない。イエスが最近訪ねられたガリラヤの人たちがもっていたのと同じ熱望を彼に託してやって来たのであった。またイエスに好意を寄せ、その仕事のどんな新しい発展にもすぐ深い関心を示してくれる、多数のガリラヤ人もいたことは確かだ。もっと遠くから来た人で、イエスの噂は聞いたが姿は見たことがないという人たちは、彼がそこに来ているかもしれないし、もし来ていたらこの新しい預言者は何かの奇跡をしてみせ、話でもしてくれるかもしれないという期待をもって入京した。エルサレムの権力者たちも、彼の到来を非常に複雑な気持ちで待っていた。彼らは、何かのことの転機でイエスを逮捕する機会がくることを期待していた。だが、彼が地方からの旅人たちの先頭に立って現れはしまいかという危惧の念を、ふりきることができなかった。そうなったら、彼らは完全にイエスの意のままになってしまう。

145　最後の訣別——過越の祭りの始まる六日前、イエスはベタニヤの村に着かれた。そこには彼の友人であるマルタ、マリヤ、ラザロなどがいて、オリーブ山の頂の反対側にあるエルサレムの町から半時間の所にあった。祭りの間の宿所としては格好の所だったので、その友人のところに泊めてもらうことにされた。祭りの行事は木曜に始まることになっていたから、そこに着かれたのは前の週の金曜日になる。イエスの旅の最後の三十二キロには、ものすごい巡礼者の群れがいっしょについて来た。そして、彼はその人々の関心の的であった。人々がエリコで見た盲人のバルテマイの癒しの奇跡は、彼らの間に非情な興奮を巻き起こした。ベタニヤに到着してみると、村は最近のラザロのよみがえりのことで大騒ぎをしていた。イエスの到来の知らせは、各地からエルサレムに来ていた群衆に伝えられた。

146　したがって、安息日はベタニヤで休んで、翌朝エルサレムの町へ行こうと宿を出られたところが、村の通りや付近の道路は、たいへんな群衆でひしめきあっていた。その中には、金曜日にイエスといっしょに来た者もあれば、来る途中で奇跡のことを聞いて、遅れてエリコから来た者もあり、また彼が近くにおられることを耳にして、エルサレムからイエスを見に出て来た者もあった。彼らは熱狂的に彼を歓迎し、「ダビデの子にホサナ。主の御名によって来たる者に祝福あれ。いと高きところにホサナ」と叫び出した。以前は、そういうふうにして自分がメシヤであることを表すのは、避けられた。しかし今はそれを受け入れられた。たぶんイエスは、ご自分に対する心からの尊敬に、満足されたのであろう。そして、彼が現されたご自身の性格と、それを信ずるようにという要求をもはや国民の目から隠しておけない時が来た。しかしながら、イエスは、ご自分を王にしようという民衆の願望に応えられはしたが、どういう意味でその名誉を受けるかということを、はっきり示された。ろばの子をひいてこさせ、弟子たちが自分の衣をそれにかけると、彼は群衆の先頭に立ち、ろばに乗って進まれた。完全武装して来られたのでもなく、軍馬にまたがって来られたのでもなく、質素と平和の王として入城された。行列はオリーブ山の崖の上を進み、その山腹を下り、ケデロンの谷を渡り、エルサレムの町の門へ通ずる坂を登り、市街地を通り抜けて、神殿へと進んでいった。進んで行くうちに、たくさんの人が四方八方から馳せ参じて、行列はいよいよ膨れあがった。喚声はいよいよ高く響き、行列者は通りすがりにしゅろやオリーブの枝を折り、意気揚々とそれを振った。エルサレムの市民は戸口へ走り出し、二階から身を乗り出して眺め、「この人はだれか」と尋ねた。すると、行列者は同郷人としての誇りをもって、「この人はナザレから出た預言者イエスである」と答えた。事実、まったく同郷人の騒ぎだった。エルサレムの市民はそれには関与せず、冷やかに傍観していた。権力者たちは、これが何を意味するか知り過ぎるほどよく知っていたし、怒りと恐怖をもって眺めていた。彼らはイエスのところへ来て、群衆を黙らせるように命じたが、それは、もしそうしなかったら、すぐ近くに駐屯しているローマの守備兵がイエスと人々に襲いかかり、カイザルへの反逆のゆえをもって町を罰するであろう、という脅し文句であった。

147　もし彼の主張がひっこめられていたら——つまり、エルサレムの市民がガリラヤの同郷人の熱狂につられて夢中になり、祭司や学者の偏見が民衆の承認の奔流の前に打ちのめされていたら――何事が起こったであろうかと問うことをここほどに迫られる箇所は、イエスの一生の中にはほかにない。もしそうなっていたとしたら、イエスは国民の先頭に立って、後に実際に生じたそれとはまったく異なった世界史における新時代の到来を宣言されただろうか。これらの疑問は、われわれの理解の限度を超えた事柄ではあるが、それでもなお、聡明な福音書の読者は、そう問わずにはおられないのである。

148　イエスは、かつて公然と都と国民の指導者の前に姿を現されたが、その時は何の反応もなかった。彼の主張を地方の人が認めただけでは、国民全体の承認を得るには不十分であった。イエスはその決定を最終的なものとして受け取られた。民衆は彼に合図を期待した。彼らのその時の興奮状態では、その合図が何であっても、それに従ったであろう。しかしイエスは何の合図も与えられず、しばし宮で周囲を見回してから人々をあとにしてベタニヤへ戻られた。

149　群衆の失望には、はなはだしいものがあったであろう。ここに好機は到来した。権力者たちがそれを見逃すはずがなかった。パリサイ人には新しい口実は必要でなかった。あの冷淡で高慢な、儀式にのめりこんだサドカイ人さえも、民衆の興奮した精神状態は公衆の平和を乱す危険ありとして、いくら憎んでも憎みきれない仇敵パリサイ人とはかり、イエス殺害を決議した。

150 月曜と火曜に、イエスは再びエルサレムに姿を現して、これまでのように病人を治療したり教えたりされた。しかしこの二日の中の終わりの日には、権力者たちの邪魔が入った。パリサイ人、サドカイ人、ヘロデ党、大祭司、祭司たち、および学者たちが、今度だけは共通の目的のもとに結束していた。イエスが宮で教えておられる所へ来て、どんな権威によってそういうことをされるのかと尋ねた。衆人監視の中で、彼らは公式の衣裳や、階級的誇りや民衆の人気などのあらゆる華麗さを、この質朴なガリラヤ人を前にしてわざとみせびらかした。イエスの言葉尻りをとらえようと思って、仲間の中から弁の立つものを選び、あらかじめ申し合わせておいた点に関して彼と鋭い長時間の論戦を始めた。その目的が、聴衆の前でイエスに恥をかかせるか、あるいは、議論に熱中したはずみに、ローマ側の裁判の時の告訴の理由になるようなことをしゃべらせようとするかのいずれかにあることは、明らかだった。たとえば、カイザルへの貢物は納めなければならないものなのかと聞いた。もし「然り」と答えたら、彼の人望は即座に落ちることを知っていた。それは、人々のメシヤに関する考えとは完全に矛盾することだったからである。反対に、「否」と言えば、ローマ総督の前で彼の反逆を訴えたであろう。しかしイエスは、しょせん彼らの敵ではなかった。一刻一刻、確固として敵を迎え撃たれた。イエスの率直さは彼らの二心を辱め、その議論の絶妙さは、彼らがイエスに向けた槍を全部そらして、逆に彼ら自身の胸に突きつけた。ついに、彼は戦いを彼ら自身の領域内にもちこみ、見物人の前で彼らをして顔色なからしめ、そのような無知、不誠実さを嫌というほど知らしめられた。それから彼らの口を封じておいて、憤りの嵐を爆発させ、マタイの福音書二三章にあるあの痛罵を浴びせられた。一生の間、心にたまっていた批判を存分にぶちまけ、稲光のような言葉で、彼らの偽善的な日常の行いを暴露されたので、その時の聴衆はもちろん、後代の人からも彼らは侮蔑と嘲笑の的とされることになった。

151　それは、イエスと権力者たちの間の最後の訣別であった。彼らは自分たちを権力者、紳士と崇めてくれたすべての人の目の前で、すっかり恥をかかされた。もう我慢できなくなった彼らは、一刻も猶予することなく、恨みを晴らしてやろうと決意した。ちょうどその日の夕方、サンヒドリンは、イエスを殺す計画を立てるために険悪な空気の中に招集された。ニコデモとアリマタヤのヨセフだけは、その軽率な決議に抗議したであろう。しかし彼らは憤然として二人の口を塞ぎ、彼をただちに死刑に処すべしということに衆議一決した。しかしながら、事情によって彼らの残忍で性急な行動は差し止められた。いくらなんでも、規定されてある裁判の形式は経なければならなかった。そのうえイエスには、明らかにエルサレムに出て来ている外国からの訪問者の中に相当な支持があった。もしイエスが彼らの目の前で逮捕されるようなことでもあったら、この無頼どもが何をしでかすかわかったものではなかった。大方の巡礼者が町を去るまで、待つ必要があった。彼らがしぶしぶこの結論に達したところへ、実に思いがけない喜ばしいことがもちあがった。イエスの弟子の一人が、いくばくかの値段でイエスを裏切ると申し出たのだった。

152 イスカリオテのユダは、人類の物笑いの種である。ダンテはその作品「神曲」の「地獄篇」で、サタン自身といっしょに最も苦しい刑罰を受けるただ三人の中の一人として、地獄に堕ちた亡者どもの中でユダを一番低い位置に置いている。そしてこの詩人の評価は、同時に人類の評価でもある。とはいっても、ユダはまったくわれわれの理解を超えた、あるいはなんの同情にも値しないような極悪非道の男ではなかった。その下劣な驚くべき堕落の道筋はよくわかる。他の使徒たちと同じように、政治革命に参画して、地上の王国では名誉ある地位を占めることを期待して、イエスの弟子に加わったのだった。かつて、ユダのどこかに、なにがしかの高潔な熱心とイエスへの愛着とがあったからこそ、イエスは彼を使徒に選ばれたのであろう。ユダが人並すぐれた精力家で、金銭の管理がうまかったということは、彼が使徒団の会計係に選ばれたという事実から察せられよう。しかし彼の性格の根底にはガン腫瘍ができていた。それが徐々に、ユダに備わっていた一切の優秀なものを吸い取っていって、暴虐な激情と変わった。金銭欲がそれだった。彼は、イエスが弟子たちの必要のためや、日々接しておられた貧者に施すために友人から受けられた少額の献金を少しずつ着服してこの菌を養った。新しい国の財務大臣になった暁には、その菌に思う存分ふるまってやれることをユダは夢みていた。他の使徒たちの考えも、初めは彼と同じように世俗的なものであったろう。しかし他の使徒たちと主との交わりのたどった道筋は、まるっきりユダと異なっていた。他の使徒はますます霊的になり、ユダはますます世俗的になっていった。もっとも彼らとても、イエスの在世中は、地上の国を超えて、霊的な意味での天国の概念にまでは到達し得なかった。しかし主がその物質中心の思想に加えるように教えられた霊的な要素は、いよいよ目立っていき、ついに地上的なものを駆逐し、あとには殻のみが残り、それも時がくれば、潰されて吹き飛ばされるべきものであった。だがユダの現世的な考えはいよいよひどくなり、霊的な面は一つ一つと除かれていった。自分の思っている天国がいっこうに来ないのが、もどかしかった。説教や癒しは、時間の浪費のように思えた。イエスの清純さ、脱俗的態度がはがゆかった。どうしてイエスは、いますぐ天国をもたらされないのだろう。説教なら、それからでも好きなだけできるのに、と思った。最後には、自分が望んでいるような天国は来ないのではないのかと疑いだした。欺されたと思って、主を侮るばかりか、憎むことさえしだした。しゅろの聖日に民衆の気持ちの盛り上がりを好機としてイエスがつかまれなかったとき、ユダはこんな夢にいつまでもしがみついているのは無用だということをはっきりと知った。船が沈没しつつあることを見て取って、下船を決意した。自分の行動を決定する最大の動機である金銭欲をも満足させ、権力者たちのひいきをも得られるようなやりかたで、それを実行した。彼の申し出は、まったく時宜にかなっていた。権力者たちはそれに意地汚なく飛びついて、この卑しむべき男と値段を取りきめ、裏切りに都合の良い機会を探させにやった。機会は彼らの予想以上に早く見つかった。――それは、あの低劣な取り引きが成立した翌々晩のことだった。

153　死に直面されたイエス――キリスト教には、イエスが死と直面しておられた最後の週における彼の追憶より貴重なものはない。イエスは常に、言葉に言い尽くせぬほどに偉大であられたけれども、この暗黒の数日の間ほど偉大であられたことはなかったと、畏れをもって言うことを許されるだろう。最も崇高にして柔和であったもの、彼の性格の最も人間的な面と最も神的な面が、かつてなかったほどにあらわに示されている。

154　エルサレムに入られたとき、イエスは死が自分を待ち受けていることは十分知っておられた。まる一年間、この事実は絶えず御顔を凝視してきた。そして久しく待望していたものは、ついに来た。彼はそれが父の御意であることを知っておられたので、いざその時になっても、堂々と運命の点へ足を運ばれた。だが、恐るべき感情の葛藤は避けられなかった。まったく相反する感情の潮——苦悩と狂喜、最大限に引き延ばされた恐ろしい憂鬱《ゆううつ》、最大の歓喜と最も荘厳な平安——これらのものが、イエスの中で大海の波浪のように寄せては返し、また寄せては返していた。

155　ある人々は、彼がふつうの人と同じように、死を恐れたなどと考えるのは畏れ多いことだとしたが、それは少しどうかと思う。イエスの恐怖は、きわめて自然な本能的なそれにまた、彼の身体器官が清純で完全であったために、かえって彼の死に対する本能的な恐怖は、われわれ以上に強かったかもしれない。その時の主の若さ——わずか三十三歳であられた——を考えてみられるがよい。生命の潮流は、イエスの中を勢いよく流れていた。行動は直感的で、てきぱきしていた。この激しい潮流を押し戻し、死という冷水の中に光と暖かみとをもみ消してしまうということは、実にいとわしいことであったに違いない。月曜日に起こった一事件によって、イエスはこの本能的苦痛の大きな衝動を感じ取られた。祭りに来ていた数人のギリシャ人が、二人の使徒を通じて会見を願い出てきたのである。当時の世界のギリシャ語圏の各地に、無神論とはなはだしい道徳的退廃からの逃避を、自分たちの間に移住してきでいたユダヤ人の宗教に求め、ヤハウェ崇拝に改宗していた異邦人は相当数にのぼった。この求道者たちもそうだった。しかしその願い出は、彼らが夢想だにしなかった考えをもってイエスをゆすぶった。イエスは、三年間の伝道の間わずか二、三回、祖国の民の範囲の外にある世界の代表者と接触されただけで、その使命は、もっぱらイスラエルの家の失われた羊に限られていた。しかしそのような場合には、いつも相手の信仰と礼儀と気品を体験され、ユダヤ人の不信、無礼、卑劣さと対照された。どうしてパレスチナの狭い域内を越えて、そのような素朴な寛大な気性の国民を訪ねることを願わずにいられただろう。彼は、後日各地へ喜びの音信を携えて、アテネ、ローマ、その他多くの西方世界の大都市に福音を伝えたパウロが送ったような生涯の幻を、いくたびとなく見られたことであろう。そのような生涯をイエスが送りたもうことができたら、どんなにか嬉しかったであろうか。ましてや、そのような生涯になくてならぬ精力と、溢れるばかりの愛とを内に感じておられたイエスにとって。しかし、一切のものを破壊してしまう死は迫っていた。ギリシャ人の訪問によって、イエスの頭上にそのような思いの大波が崩れ落ちた。彼らの求めに応じる代わりに、彼は放心したようになられ、顔は曇り、身体は内なる葛藤のためがくがくと震えた。しかしすぐに気を取り直して、そのころイエスがひたすら思いつめておられたことを述べられた。「一粒の麦がもし地に落ちて死ななければ、それは一つのままです。しかし、もし死ねば、豊かな実を結びます」（ヨハネ一二・二四）。「わたしが地上から上げられるなら、わたしはすべての人を自分のところに引き寄せます」（ヨハネ一二・三二）。イエスは、恐ろしい様相を呈していたその死の彼方をも見ることができた。自分の自己犠牲の効果は、異邦世界への個人的伝道の効果がいかに大きかろうと、それにもまして無限に尊く、遠大なものであることを確信しておられた。それに、死は父が定めたもうたものであった。このときにも、またほかの似たような危機的瞬間にはいつもこのように思って、へりくだり、御父を信頼するおのが魂に、最後の、最も深い慰めを感じ取られたのだった。「今わたしの心は騒いでいる。何と言おうか。『父よ。この時からわたしをお救いください』と言おうか。いや。このためにこそ、わたしはこの時に至ったのです。父よ。御名の栄光を現してください」（ヨハネ一二・二七～二八）。

156 死は、ありとあらゆる恐ろしいものを伴って近づいてきた。イエスは、ご自分の一人の弟子の裏切りの犠牲になる運命にあられた。しかも、彼はその弟子を選び、愛しておられたのだった。イエスの生命は同胞の手によって、ご自身の愛された町で奪われるのだった。彼はおのが民を天国にまで導かんとして来られ、祖国のために自分に何ができるかをはっきりと自覚し、国民の過去の歴史と祖国を愛した彼以前の偉人たちについての深い理解とによって培われた、一途な献身をもって祖国を愛された。しかしながら、その死はパレスチナとエルサレムに呪いの雨を浴びせるだろう。イエスがやがて起ころうとしていることを、いかにはっきり予見しておられたかは、マタイの福音書二四章の記憶すべき予言的説教がこれを物語っている。それは、火曜の午後、運命づけられた町を足下に見下し、オリーブ山の山腹にすわって弟子たちになされた説教である。そのために彼がどんなに苦しまれたかは、次の日曜日に明らかとなった。その日、しかもあの勝利の時、喜んだ群衆がイエスを連れて山道を下るとき、彼は町の全景が目前に開けてきたところで足を止め、涙ながらにその町の運命を予言されたのだった。この日は、この麗わしい都が神の子に嫁ぐ晴れの結婚式の日であるべきだった。だが花嫁の顔は、死人のように青ざめていた。めんどりが雛《ひな》を翼の下に集めるようにして、エルサレムを抱き寄せようとされたイエスは、すでに、空には鷲がエルサレムを八つ裂きにしようと、矢のように飛びかかっているのを見られた。

157　この週は、夕方になるとベタニヤへ出て行かれたが、たぶん夜の大部分の時間をひとり屋外で過ごされたのだろう。山頂のだれもいない所や、山の斜面の至る所にあるオリーブの小森や、果樹園の間を逍遥《しょうよう》された。そして何回となく、前に行列が通った道を歩いたり、また以前に足を止められた地点から、谷の向こうに月光を浴びて眠っているエルサレムの町を見やったりして、あのとき群衆を怖じ気させた悲嘆よりも激しい叫びを発して夜の静寂《しじま》を破られたり、かつてギリシャ人の前で述べられたあの大いなる真理を、自分の寂しい心に繰り返し聞かせたりされたことであろう。

158　まさしく四面楚歌であった。世はあげて彼に敵対していた。エルサレムは激しい憎悪をもってその命をつけ狙い、地方から上ってきた群衆は、失望の中に彼から離れていく有様だった。弟子の中だれも、あのヨハネすらも、真の事態に少しも気づいておらず、イエスが気持ちを打ち明けられる相手ではなかった。これは彼の杯の中の最も苦い一滴だった。イエスは死後の世界で生き続ける必要を感じられた。そういうことは、いまだかつてだれにもなかったことである。彼が手をつけた事業は死んではならない。それは全世界のためのものであり、永久に存続し、地の全面に及ぶべきものだった。しかし彼が世を去ってしまえば、それは弟子の手に委ねられることになる。ところが、この弟子たちは非常に弱く、彼を少しも理解せず、無知であることを証明するような態度をとっているのだった。彼らにこんな仕事ができるのだろうか。一人は裏切り者となってしまったではないか。彼がいなくなってしまえば――おそらく誘惑者はそう囁《ささや》いたであろう――この運動は挫折し、世界の再生のための遠大な計画は土台のない幻の建物のように、跡形もなく消えてしまうのではあるまいか。

159　しかし彼はひとりではなかった。果樹園の深い茂みの中に、オリーブ山の頂に、イエスはかつて平和な時に求められた、あの確かな力をこの時も求めたもうた。そして、それがこの時も非常に必要であることを知っておられた。父が共にいたのである。そして激しい叫びをあげ、涙を流して一心に懇願された結果、彼の願いは、不安の中で聞かれた。イエスは、御父の全き愛と知恵が、この身にいま起こりつつある一切のことを定めているのであり、自分は父の栄光を現し、託された仕事を完成しつつあるのだということを知られたとき、平安が心を支配した。これはいかなる恐れをも消し去ることができ、口に言い表せない輝かしい喜びを彼の心に満たしてくれた。

160　とうとう終わりは目前に迫ってきた。エルサレムのどこの家庭でも、過越の食事をする木曜日の夕方になった。イエスも十二使徒とともに、席についてその食事をなさった。彼は、今夜が地上での最後の晩であること、またこれが弟子たちとの別れの宴であることを知っておられた。幸いにもそれについては詳しい記録が残っていて、クリスチャンにはよく親しまれているところである。イエスの生涯の最高の晩だった。彼の魂の筆舌に尽くしがたい優雅さと荘厳さが溢れた。もっとも、宵の口にいくつかの陰が彼の霊にかかった。だがすぐ消え去った。弟子の足を洗われる光景、過越の食事、主の晩餐の設定、別れの挨拶、それに偉大なる大祭司の祈りと、この間、イエスの性格のすべての栄光は輝いた。友情の温かな衝動と限りなく流れ出すおのが者への愛とに、すっかり身を任せきっておられた。そして、まるで弟子たちのあらゆる欠点を忘れられたかのように、彼らの将来の成功を思って喜び、ご自身の働きの勝利を語ったりされた。十字架の影といえども彼の父の顔を隠すことをしなかったし、今まさに完成しようとしているわざを見て感じられた満足感を減じはしなかった。まるで受難はすでに過ぎ去って、彼のまわりにははや高揚の栄光がきざしつつあるかのようだった。

161　しかし反動はすぐやってきた。イエスと弟子たちは真夜中に席を立って街を通り抜け、市の東の門から都の城外へ出てケデロンの谷を横切り、イエスがよく行かれたオリーブ山のふもとのゲッセマネの園に着いた。ここであの恐ろしい記憶すべき苦悶が襲った。晩餐の席において絶頂に達した歓喜と確信と、この一週間ずっと苦しめ続けてきた憂うつの気分がイエスに忍び寄ったのも、これが最後だった。それは最後の試練の攻撃だった。実に彼は一生試練にさらされてこられた。だが、われわれはこの光景を細かく分析することを恐れる。どう考えてみても、その意味を尽くし得ないことは明らかである。その中の主な要素――彼が贖いつつあられた世の罪の押しつぶさんばかりの、焼き焦がすような力――をほんのわずかでも測り知ることができるだろうか。

162 だが戦いは完全な勝利に終わった。あわれな弟子たちは、間近に迫った危機への準備の数時間を眠って過ごしたが、イエスはその間に、それに対してすっかり準備を整えられた。残された最後の試練に打ち勝ち、死のつらさに対する思いは過ぎ去り、何ものにも乱されない落ち着きと、彼の裁判と十字架上での処刑を人類の誇りと栄光に変じた尊厳とをもって、次の場面を迎え得る力が与えられた。

163 裁判――イエスがオリーブの枝の間から、敵の一団が月光の中を反対側の斜面を下りながらご自分を捕らえようとしてやって来るのをご覧になったのは、ちょうどこの戦いに勝利を収められた時だった。裏切者がその先頭に立っていた。彼は主がよく行かれる所を心得ていて、おそらくそこへ行けばそこに眠っておられるだろうと予想していた。ユダがその忌まわしい行いの時刻として真夜中を選んだのは、そのためである。そのほうが彼の新しい主人たちにも都合が良かった。市内にたくさんいるガリラヤ人の怒りを恐れて、昼間イエスに手をかけるのをためらっていたからである。しかし、もし裁判を夜のうちにすまして、翌朝人々が目覚めたころに、イエスを律法の執行者の手ですでに判決を言い渡された罪人として示すことができたら、イエスの友人たちはたまげるだろうということを彼らは知っていた。彼らは相手が洞穴の中に潜んでいたり、森の中を追跡しなければならない場合のことを考えて、たいまつとあかりとを持って来ていた。しかしイエスは、園の入口へ自分から出て来て彼らを迎えられた。彼らはその威厳ある態度と、人をたじろがせるような言葉の前に、臆病者のように小さくなった。時刻はたぶん真夜中ごろであったろう。そしてその晩の残りの時間と翌朝まだ暗いうちに、彼らは、イエスの生命を求める渇きを満足させることができる前に、必要な法律上の手続きをすませた。

164　宗教裁判とローマ側の裁判の二つがあって、いずれにも三つの段階があった。前者はまずアンナスの前で、次にカヤパとサンヒドリン（ユダヤ人議会）の非公式会議の前で、最後にこの法廷の正式の会議で行われ、後者はまずピラトの前で、それからヘロデの前で、最後に再びピラトの前で行われた。

165　このように二重の手続きを踏んだ理由は、ユダヤの政治的背景に関連している。すでに説明したように、ユダヤはシリア州の一部を構成し、カイザリアに駐在しているローマ総督の治下にあるローマ帝国の直轄地になっていた。しかし、征服された国々からその国独特の政治形態のすべてを剝奪してしまうというようなことを、ローマはしなかった。ローマの支配は鉄のように強固で、税金は厳しく取り立て、反乱の徴候《きざし》があると即刻抑え、何か重大な場合には最高の権威を主張したけれども、被征服民に対しては従来の支配形態をできるだけ多く譲った。そしてこと宗教に関しては、特に寛大であった。したがって、ユダヤ人の最高の宗教会議であるサンヒドリンは、いぜん一切の宗教事件の審理を許されていた。ただ言い渡された判決が死刑の場合は、総督による再審を経なくては刑を執行することができないだけのことだった。それで、被告がユダヤの宗教裁判所によって死刑判決を下されたときは、総督がたまたまその時エルサレムに来ている場合を除いて、カイザリアへ送られ、そこのローマ側の裁判所に起訴されなければならなかった。イエスが問われた罪は、もちろん宗教裁判にかけられるべきものだった。この法廷はイエスに死刑を宣告した。しかし、この裁判所には刑の執行権がなかった。法廷は彼を総督の裁判所へ引き渡さねばならなかったが、総督はたまたま首都エルサレムに来ていた。例年のように、過越の祭りの時に都に上って来ていたのである。

166　イエスは最初にアンナスの邸宅へ連れて行かれた。アンナスは二十年前には大祭司をしていたこともあったが、この時すでに年老いて七十歳になっていた。実質的には義理の子のカヤパがその時の大祭司だったけれども、あとを襲った五人の息子と同じように、その称号だけはもっていた。その年齢、手腕、門勢のために社会的には非常に重く見られていて、公式にではなかったけれども、実質上はサンヒドリンの議長であった。アンナスはイエスを裁きはしなかったが、彼に会って二、三質問をしたいと望んだだけであった。それでイエスはすぐにアンナスの邸宅からカヤパの邸宅へ移されたが、その家は官庁のひとつづきの建物の一部だったようである。

167　カヤパは現役の大祭司としてサンヒドリンの議長を勤め、イエスはその前で裁きを受けられた。この法廷は、正式には日の出、おそらく六時ごろ以前には開かれない建て前であったが、この事件に関心をもって集まって来た議員はすでに多数参集していた。彼らはイエスに対する憎悪を満足させ、同時に民衆の議事妨害を避けるために、一刻も早く開廷したかった。そこで議員たちは非公式の議会をただちに開いて、告訴や証言などを適当にすませ、法定の開廷時刻になったときは必要な手続きを繰り返して、イエスを総督に引き渡すばかりにしておこうと決めた。これは実行された。そしてエルサレムが眠っている間に、この熱心な裁判官たちは、その忌まわしい計画をどんどん進めていった。

168 最初に、イエスが訴えられた罪をはっきりと読みあげるのがふつうであったが、そうはしなかった。彼らの中で意見が対立していたのだから、それは不可能であった。パリサイ人が罪とみなしたイエスの生涯中の多くのことも、サドカイ人からは無視され、一方宮潔めのようなサドカイ人を怒らせた行為は、パリサイ人に満足を与えるという有様であった。

169 大祭司は彼の弟子と教えについての尋問から始めたが、その意図するところは、明らかに、総督に対する告訴の理由になりそうな革命的教義をイエスが教えたかどうかを見つけ出すことにあった。しかしイエスは、彼らのあてこすりを退け、自分はずっと衆人の前で公然と語ってきたではないかと、憤然と主張された。そして自分が何か悪いことをしたというのなら、それを示し、また証拠を示せと逆に迫っていかれた。この常ならぬ返答を聞いた法廷の下役の一人は、拳でイエスの口を殴った。これを法廷は咎めなかった。それは、この裁判官たちの手にかかっては、どの程度の公正さが期待できるものかを示していた。それから、イエスに不利な証言をさせようという試みがなされ、告訴理由を捜し出そうと思って、多数の証人が彼の語ったということの数々を繰り返し述べたてた。しかし、それは完全な失敗に終わった。証言が一致しなかったのだ。やっとのことで二人の証人の意見が合って、多少犯罪がかったところがあると判断された彼の伝道の初期のころの言説が引き合いに出されたものの、あまりに些細《ささい》なことなので、重大な告訴の理由としてそんなものを携えて総督の前に出るなどは狂気の沙汰としか思えず、これも取りやめになった。

170　彼らは死刑に決めていたが、獲物は掌中から抜け出すように思われた。イエスは証人の矛盾する証言が互いにその効力をそいでいる間、一言も言わずに事態を見守っておられた。裁判官たちをさしおいて、無言のうちにその場に君臨しておられた。彼らはそれを感じ取った。とうとう裁判長は怒りと焦躁に我を忘れて立ち上がり、イエスに口を開くことを命じた。どうして裁判長は、そのように甲高い声を出したのだろう。証人席で進行している恥ずかしい光景とイエスの物静かな威厳が、真夜中に集まった人たちの良心を騒がし始めていた。

171　カヤパが席をたって、芝居がかりの物々しさをもって、「あなたは神の子キリストなのかどうか、生ける神に誓ってわれわれに答えよ」という問いを発したとき、もはや彼らの計略は完全に失敗していた。それは、イエスが自分を罪に陥れるようにしむけて出された問いにすぎなかった。しかし、話してもいいのではないかと思われた時に沈黙を守っていたイエスは、黙ってやりすごされるであろうと思われたまさにその瞬間に話された。厳かに「然り」と答えられ、自分がメシヤまた神の子であることを述べられた。裁判官たちには、これ以上何も必要でなかった。衆議一決瀆神罪を宣し、死刑を宣告した。

172 裁判は終始あわただしさのうちに行われ、法廷の規則も完全に無視された。万事が公正を期して行われたのではなく、有罪の判決にこぎつけたいという願望によって導かれた。同一人が告発者と裁判官を兼ねたりした。弁護のための証言は考慮されなかった。裁判官は判決に際してはまったく良心的であったのであろうが、それは事実に対してはとっくに扉を閉ざし、毒々しい執念深い感情に取りつかれた人々の心から出た決定であった。

173 夜が明けてからの法手続きは単なる形式で、わずかの時間ですむようなものだったから、裁判はもう終わったものとみなされた。したがって、イエスは有罪を宣告された人として、残忍な看守と暴徒の手に引き渡された。ついで、だれしも目を覆いたくなるような光景が展開した。心胆を冷からしめるような残忍な罵言が、突然イエスに浴びせかけられた。サンヒドリンの議員もこれに加わったらしい。自分らを打ち負かし、自分らの権威を傷つけ、自分たちの偽善を暴露したこの人間が、この上もなく憎らしかった。サドカイ人の冷淡さも本当にたきつけられると、沸騰して十分な熱となり得た。パリサイ人の狂熱はいろんな残忍な仕打ちを思いつかせた。拳をふりあげ、唾をはきかけ、日隠しをさせてイエスの預言者的主張を嘲り、代わる代わる殴りながら、殴ったのはだれか言いあててみよ、と言った。だが、そのような人間性を辱める光景について、これ以上考えることはやめよう。

174　彼らが、鎖につながれたイエスを総督の邸宅へ連れて行ったのは、たぶん午前六時と七時の間であったろう。それはなんという光景であったろう！　ユダヤ人の祭司、教師、裁判官たちが、死刑にしてくれるように頼むために異邦人のところに自分らのメシヤを連れて行くとは！　民族の自殺の時だった。神のユダヤ人に対する選びの果てが、こんなことになるとはまったくの悲劇ではないか。神は昔から彼らを鷲の翼に乗せて運び、預言者と救助者とを送り、エジプトとバビロンから贖い出し、その栄光を何世紀にもわたって見せられたはずなのに！　確かに、神の摂理を愚弄するにも等しい行為だった。しかし、神は愚弄されるままにはしておかれなかった。そのご計画は人間の意志にはお構いなしに、抗しがたい歩調で歴史の中を進んでいく。そしてユダヤ人が、イエスの取り扱いを嘲笑しようとしているこの悲劇的な時さえも、知恵と愛の深さを表すべく神に予定されていた。

175 イエスは裁判官の前に引き出された。その裁判官は、六年前からユダヤ総督になっていたポンテオ・ピラトであった。彼は典型的なローマ人であったが、かつての未開の時代のそれではなく、帝国時代のローマ人だった。昔のローマ人の正義の精神が残っていないでもなかったが、どちらかといえば、娯楽好きの、横柄な、堕落した男であった。自分の支配下にあるユダヤ人が嫌いで、かっとなったりすると、容赦なく彼らの血を流した。ユダヤ人も彼の憎悪に思う存分に報い、やれ悪政だ、やれ残酷だ、やれ略奪だとかいって、ありとあらゆる罪をなすりつけた。ピラトのほうでも、エルサレムにはできるだけ行かないことにしていた。それもそのはずで、ローマみたいに劇場あり、浴場あり、競技会あり、社交華やかな大都会の娯楽に慣れっこになっている者にとっては、宗教臭くって、いつ行っても、革命的な気分のくすぶっているエルサレムはうんざりさせられる場所だった。それでも、たまに出て来た時には、ヘロデ大王の豪勢な邸宅に泊まった。植民地へ遣わされた役人連中は、座を追われたかつての支配者の官邸に泊まるのがふつうだった。

176 広い道が散歩道や、池や、さまざまな樹木のある美しい公園を突き抜けて、サンヒドリンの建物へ通じていた。サンヒドリンの議員たちとこの行列に加わった群衆は、この道を通ってイエスを連れて町の中を練り歩いた。法廷は野外で開かれ、モザイク模様の石畳の上で行われたが、官邸はその背後で二つの巨大な建物が左右についていた。

177 ユダヤの指導層は、ピラトが自分たちの決定をそのまま認めてくれて、それでもう細かい審理には立ち入らずに、自分たちの望みどおりの判決を言い渡してくれることを期待していた。地方の総督たちは、特に宗教問題などではよくこういうやり方をした。宗教のことは、外来者には理解できなかったからであろう。それだから、イエスの罪は何かと聞いても、彼らは「もしこの人が悪いことをしていなかったら、私たちはこの人をあなたに引き渡しはしなかったでしょう」（ヨハネ一八・三〇）と答えたのだった。しかしピラトには譲る気持ちはなかったので、「もし、自分がこの罪人を裁かないのだったら、おまえたちは法律で許されているような刑罰を課することで満足しなければならない」と言った。どうやら彼は、イエスについて何か知るところがあったようである。それは、「ピラトは、彼らがねたみからイエスを引き渡したことに気づいていたのである」（マタイ二七・一八）という聖書の言葉を見てもわかる。日曜日の勝利の行列は、彼に報告されていたはずである。イエスがその示威行列を政治的目的に使うことを無視されたということから、政治的には危険のない人物であることをはっきり知ったのかもしれない。ピラトの妻が見たという夢は、ピラトの邸内でイエスのことが話題になっていたことを示唆するのかもしれない。そして、たぶん、エルサレムへ出て来て退屈しておられたこの紳士淑女お二人は、若い田舎出身の熱狂家が都の狂信的な祭司連を手こずらせているという話を聞いたときには、気もほぐれたことであろう。

178 形式的な告訴だけですませようと思っていたのに、あてがはずれたユダヤ人指導層は、仕方なく、ありとあらゆる非難を一斉にぶちまけてみた。その中から、以下の三つのことがはっきりしてきた。すなわち、イエスが国民を惑わしたということ、ローマに対する税金を納めることを禁じたということ、および自分を王であると言ったということである。サンヒドリンでは、彼に瀆神罪という判決を下したのだったが、彼らもよく知っていたように、そんな理由では、後日コリントのユダヤ人がパウロを告発したときに、ローマ総督ガリオがやったと同じような取り扱いを受けたであろう。そこで、彼らは別な告訴理由を考え出さなければならなかったが、それもイエスが政府にとって危険な人間であるということがわかるようなものでなければならなかった。その時、彼らは許すべからざる偽善に訴えただけでなく、前もって嘘を考えてまでそうした。このようなことは、思うだに恥ずかしいことである。イエスが、前の火曜日に出されたと同じ問題に関する彼らの質問に与えられた返事を思い起こすとき、このいい加減な第一の告訴理由に対しては、ほかに考えようがないではないか。

179　ピラトは、ローマの権威に対する彼らのみせかけの熱意を見抜いた。ローマに税金を納めるべきだと真剣に主張しているこの連中の真意が、ピラトにはわかっていた。群衆の熱狂的な叫び声から逃れようと思って席を立ち、取り調べのためにイエスを中へ連れて行った。ピラトは知らなかったが、それは彼自身にとって重大な瞬間だった。彼をこの場所へ、この時に連れて来た運命は、なんと恐ろしい運命であったことか。ピラトと同じ原則に従って毎日を送っている役人は、何百人となく帝国内にあったのに、どうしてまた彼が、そのような原則をこの事件にあてはめなければならないような羽目になったのだろうピラトは自分が判断を求められている事柄がいったいどういうことなのかまったく知らなかった。この罪人は他の罪人より少しおもしろい、わかりにくい件だ、ぐらいに見えたかもしれない。実際に、イエスは、ピラトが絶えず扱っている数百件の中のひとつにすぎなかった。自分では裁判官を勤めているつもりでいたけれども、自分も、また自分が代表している体制も、その完璧さが、その人に近づいてくるあらゆる個人とあらゆる体制を裁き、かつその非をあらわにするそういった人の前で審判を受けているのだなどとは思ってもみなかった。どういう理由で訴えられたのか、特に、イエスが王であると偽って言ったかどうかを問うた。イエスは、そのようなことを政治的意味で主張したことはないが、精神的意味だったら自分は真理の王だと主張した、と答えられた。この返答は、日々を真理の探求のために送っている異教国の高尚な精神の持ち主ならだれでも、心をひかれそうな返答であった。そしてまた、この返答はそのような示唆に対して、ピラトが何らかの反応を示すかどうかを探るためになされたものであろう。だが悲しいかな、ピラトにはそのような願望はなく、それを一笑に付してしまった。しかし、彼は想像していたように、この清純な、平和な、もの悲しそうな顔の持ち主には、扇動政治家ないしはメシヤ的革命家らしきものは何一つ潜んでいないことを確信し、裁判所へ戻って来て、イエスを放免する旨を告発者に知らせた。

180　これを聞いた彼らは、失望の怒りをぶちまけ、告訴理由を大声で繰り返した。まことにユダヤ的な光景であった。これまでにもこの熱狂した群衆が、外国の主人の意図と決定を、絶叫としつこさだけを武器にして撤回させたことは何度もあった。ピラトはイエスを即時釈放し、保護すべきであったが、彼は、自分をここまで育て上げてきた体制――妥協と政略の術策――の真の申し子だった。だから、耳をつんざくような群衆の叫び声の中に、責任逃れの口実となるような声を聞いたときは、こおどりして喜んだ。イエスは「ガリラヤからはじめてこの所まで、ユダヤ全国にわたって」国民を騒がせたと、群衆は叫んだ。その時ふと、ガリラヤの支配者であるヘロデが都に来ているから、彼にこの罪人を引き渡せば、この厄介な問題に触れずにすむのではないかと思いついた。ローマ法によれば、被告は逮捕された所の裁判所から本人の本籍地の裁判所へ移されるのがふつうだった。したがってピラトは、イエスを護送人の手に渡し、疲れを知らない告発者たちをいっしょにつけてヘロデの官邸へ送った。

181　このヘロデという第二級の領主は、祭りにエルサレムへ出て来て、宮廷でおべっか使いと飲み仲間に囲まれ、本家のローマのご主人がたを真似てつけた護衛兵に取り巻かれていた。ヘロデはイエスに会って喜んだ。イエスの名声が、このヘロデの支配している領土に届くようになってから、もう久しかった。ヘロデは典型的な東洋君子で、自分の快楽のことばかり考えて毎日を過ごしていた。そういうわけなので、過越の祭りに上京してきたのも、ただ刺激を求めてのことだった。イエスの様子を一目見て、これはまた何かひと騒ぎ起こるわい、と直感した。それこそ、彼も、廷臣連中も、しばしば不足を感じていたところのものだった。イエスが奇跡を行うのを見たいと思っていた。何事もまじめに観察することのできないたちで、ユダヤ人がこんなに熱をあげている事柄も見過ごしてしまう始末であった。それは、イエスが返事を待つこともせずに、取り止めもない質問を次から次へと発し、いろいろなことをしゃべり出したことからでもわかる。しかし、とうとう自分から疲れてしまって、イエスの返答を待った。だがそれは無駄だった。イエスは、いっさい取り合おうとはされなかったのである。バプテスマのヨハネを殺害したことはヘロデの記憶からすっかり消え去り、その印象は水の表面にでも書いてあるかのように、彼のつかみどころのない心の中に書きつけられていた。しかし、イエスにはそのことは忘れようとしても忘れられなかった。そのために、イエスは、ヘロデはあの洗礼者の友人である自分を直視することを恥ずべきなのにと思われ、自分の腕前をみせびらかして裁判官のひいきにあずかろうとする下劣な魔術師ぐらいにしか自分を扱おうとしないこのような者に、口をきこうなどとは思われなかった。そして、良心や人間らしさのかけらすら残っていないこの人間を、寂しい、あわれむような面持ちで見やられた。しかしヘロデは、一切を破壊してしまうようなその無言の侮蔑の力を全然感じることができなかった。彼とその兵卒はイエスを愚弄した。地位にありつくため高官連のところを頼み回っている者がローマで着用する服装に真似て、イエスがユダヤ王の候補者——しかしそれはあまりに滑稽な候補者だったので、侮辱でも加えなくてはほかに何をしても無用であったろう——であることを示すために、肩に白い衣をかけ、ピラトのところへ送り返した。イエスは、このようなかっこうで、疲れた足をひきずりながら、あのローマ人の裁判所へ引き返された。

182　続いてピラトによる審判が再開されたが、その結果、ピラトは自分を日和見主義者の典型にしてしまい、以後何世紀も、キリストから発して彼の上に注がれる光を浴びて、世の見世物にされることになった。イエスがヘロデのところから戻って来られたとき、即刻、放免の宣告を発するのが明らかにピラトの義務であった。にもかかわらず、そうはしないで、その時の風向きに自分を任せ、間違った階段を一段一段と急速に転げ落ちていき、最後には道義の完全な無視という坂を下って、そこに放り出されてしまった。ピラトもヘロデと同じく、イエスが無罪であることを知って、鞭打ってそれからイエスを釈放しようとユダヤ人に提案した。鞭打ちは彼らの怒りをなだめる、一切れの牛乳に浸したパンであり、釈放は正義への貢物であった。

183　しかしながら、この恐ろしい提案の実行は、ピラトに難局を逃れる道を再び開くかに見えたある事件のために、差し止められることになった。過越の祭りの朝に、民衆の希望する囚人を一人赦免するのがローマ総督の慣例になっていた。皆に忌み嫌われている他国の支配への反逆のかどで牢屋につながれていた民衆の英雄が、牢屋にはいつも溢れていたので、それはエルサレムの市民が口をきわめて称賛する特典であった。イエスの裁判がここまでくると、町の民衆は興奮して、街から、横町から出て来て、この年の贈り物をくれろと、わめきながらピラトの宮廷の門のほうへぞくぞくと列をなして押しかけて来た。このときばかりは、その叫び声はピラトにとって好都合であった。その中に現在の窮地を脱する道が見えたのである。だが、やがてそれは、自分が首を入れつつある締め輪であることがわかった。ピラトはイエスの命を助けてやろう、と群衆にもちかけた。一瞬彼らは躊躇した。だが人々には、ローマの支配に対する反逆の著名な指導者が最善の候補者であった。また一方では、どんなことがあっても彼らにイエスを受け取らせまいとする囁《ささや》き声が、やかましく彼らの耳に聞こえてきた。サンヒドリンの議員たちは、しばらく前には法律と秩序に対して熱烈な賛意を表明しておきながらも、今はもう反乱の闘士者に味方することを躊躇しなかった。そして民衆をイエスに敵対させることに成功し、民衆は自分たちの英雄バラバを釈放してくれ、と叫び始めた。ピラトは、「それではイエスはどうしたらよいか」と尋ねたが、一方では彼らが「彼をも私たちに下さい」と答えることを予期していた。しかしそれは誤算だった。指導者たちの計画は首尾よくいった。「彼を十字架につけよ」という声が何千という暴徒たちの喉の奥から出てきた。実際、この祭司たちにしてこの民ありで、それは指導者たちの決定を国民が認めたということだった。ピラトはすっかり狼狽し、怒りをこめて、「あの人はいったいどんな悪事を働いたのか」と問うた。しかし、ピラトは決定を彼らに任せた。すると民衆はまったく気でも変になったように、「殺せ、殺せ、十字架につけよ」と叫んだ。

184　ピラトはそれでも、正義を完全に殺すつもりはなかった。まだもう一つだけできることが残っていた。しかし一方では、イエスに鞭打ちを課した。これはふつう十字架につける前に行われた。兵隊がイエスを兵営の一室へ連れて行って、彼が苦しむのを見て残忍な本能を楽しませた。われわれは、この忌まわしい刑罰の恥辱と苦痛を語ることはしたくない。人間性に対する尊敬と愛をもっておられた彼がこのような乱暴を受け、人間性の獣性の極みを目撃なさったときの気持ちは、どんなであったろう。兵士たちは自分の仕事を楽しみ、残忍の上にさらに侮蔑を積み重ねた。鞭打ちがすむと、イエスを椅子に腰かけさせておき、棄ててあった古い上衣を取ってきて、王族の紫色を模して嘲笑の気持ちを表そうというのか、それを彼の肩に投げかけ、笏の代わりに一本の葦をむりやりに握らせ、そばの茂みから何本かの茨の枝を折ってきて、それを編んで王冠らしきものを作り、イエスの額をその刺で抑えつけた。それからイエスの前を歩き回りながら、ひとりひとり代わる代わるその前にひざまずき、顔に唾を吐きかけ、手から葦をもぎ取って、それで顔や頭を打ちたたいた。

185 残忍の限りを尽くして、イエスに茨の冠をかぶせ、紫色の衣を着せて、裁判所へ連れ戻した。群衆は兵士の戯れを見て、気の変になった人のように哄笑した。ピラトは鼻先に薄笑いを浮かべて、皆に良く見えるようにイエスを前へ突き出して言った。「この人を見よ」と。そして彼が言わんとしていたことは、この人はこれ以上何をしても無駄だ、この人は時間をかけるだけの値打ちがない、実際こんなに弱った、みじめな人間がどんな害を他人に及ぼすことができるものか、というのであった。本当にピラトは、自分の言った言葉さえもよくわかっていなかったのだ。彼の吐いたあの「エッケ、ホモ」（この人を見よ）は世界中にあまねく響きわたり、あらゆる時代の人の目を、あの傷つけられた顔に引きつける。おお、見よ、彼の受けたもうた辱めは失せているではないか。それは彼を去ってピラトに、兵士たちに、祭司たちに、また群衆に落ちかかってきたのだ。イエスの輝ける栄光がすべての恥辱の汚点を焦がし、茨の冠の先に無数の火をともした。しかし、ピラトは、イエスのこのあわれな無能な姿を見れば、人々の復讐に対する渇きも満たされるであろうと思ったが、ここでも彼は、領民の気質をほとんどわかっていなかったのだ。彼らが今までずっとイエスに反対してきたのは、こんなに貧乏な、なんの野心もない人間が自分たちの救い主だと主張してきたことにあるのであって、今その相手が、外国の兵士の手で鞭打たれ、愚弄されていながらも、なお彼らの王であることを主張しているのを見たとき、その憎しみは狂乱にまで達し、いよいよ声高に「十字架につけろ。十字架につけろ」と絶叫した。

186　祭司たちもついに我慢がならなくなって、今度こそ本当の告訴理由をもちだした。それはこれまで彼らの胸の奥に燃え続けていたのが、もはや抑えることができなくなったのだ。そして「私たちには律法があります。この人は自分を神の子としたのですから、律法によれば、死に当たります」と叫んだ。だがこの言葉は、彼らが考えもしなかったピラトの心の弦に触れた。ピラトの祖国の古い伝説の中には、ふつうの人と見分けのつかないような質素ななりをして地上を歩かれたという、多くの神々の子らの物語があった。彼らに出会うことは危険だった。神の子らに害を加えると、その人にはその父神の怒りが下るからである。このような古い神話は、とっくの昔に信じられなくなっていた。そんな説明にあてはまるような人間が、いっこうに見当たらなかったからである。しかし、イエスの中に、ピラトはうまく説明できないが、もうろうとした、恐怖を覚えさせる何ものかを認めた。そしていま「彼は自分を神の子とした」という暴徒の言葉が、稲妻のように彼の頭をかすめた。そしてそれは、記憶の奥から、子ども時代の古い、忘れられていた物語を引き出してきて、そうとは知らずに神の恐ろしい復讐をかうような罪を犯すという異教的恐怖――これはギリシャの最高の劇のいくつかのものの主題を構成している――を呼びさました。イエスはヘブル人のヤハウェの子ではないだろうか。――異教徒の彼の心はそう囁《ささや》いた――カストルとポリュックスがジュピテルの子であったように。そこで急いでイエスを再び邸内へ連れて戻して、前とは変わった畏怖心と好奇心とをもってこう問うた。「あなたはどこの人ですか」と。だが、イエスは一言もお答えにならなかった。ピラトは、イエスが一切を説明したいと思っておられたときには聞かずにいて、イエスを鞭打つことによって自分の正義感に背いてしまった。このことは、人が、イエスが語られるときにキリストに背を向けるならば、求めても答えを得られないときが来るということを教えているように思われる。この高慢な総督は驚き、また同時にむっとなって「あなたは私に話さないのですか。私にはあなたを釈放する権威があり、また十字架につける権威があることを知らないのですか」と尋ねると、それに対してイエスは驚くべき威厳をもって——その威厳は彼が苦しめられ、残忍な辱めを受けられたにもかかわらず、少しも失われていなかった——答えたもうた。「もしそれが上から与えられているのでなかったら、あなたにはわたしに対して何の権威もありません」と（ヨハネ一九章）。

187　ピラトは、自分の好きなように囚人を扱うことのできる権力を誇っていたが、実際のところは非常に弱かった。イエスをすぐに釈放することに決め、個人的な会見をすませて出てきた。ユダヤ人たちは、それをイエスの顔に見て取った。またそれは、彼らに最後の切札、これまでずっと取っておいたそれを出さしめた。イエスをローマの皇帝に訴えるという手に出たのである。これが、彼らがピラトの最初の言葉を遮ったときの「もしこの人を釈放するなら、あなたはカイザルの味方ではありません。自分を王だとする者はすべて、カイザルにそむくのです」（ヨハネ一九・一二）という叫びの意味だった。これは裁判の間中ずっと、彼らの頭からも、彼の頭からも離れなかった。ピラトがあのように優柔不断な態度に出たのも、これがためであった。ローマ総督にとって、自分の領民がローマの皇帝に対して行う訴えくらい恐ろしいものはなかったのだから、無理もない話である。この時代にはそれがとくに危険であった。そのとき皇帝の座にあった者は、病的なほど疑い深い暴君で、自分の配下の者に恥をかかせるのが好きで、臣下の者がだれか王位を狙っている者を助けているというような噂が耳に入ろうものなら、たちまちにして火がつきかねないという厄介な人物だった。ピラトは、自分の施政が監査に耐え得ないことはよく知っていた。彼の施政は極端に残忍で、腐敗していたからである。人が何か良いことをしようとしているとき、それをさせまいとして最も決定的な圧力を加えるものは、自分の過去の罪である。ピラトが良心に従う決心をしたとき、ピラトの足をすくった誘惑はこれであった。彼は、自分の確信はどんな犠牲を払っても貫くというような英雄ではなかった。まったくの俗人だった。そして、イエスを民衆の意志に任せなければならないことをただちに見て取った。

188 しかしピラトの心は、そのように完全に邪魔されたことに対する怒りだけではなく、ある種の激しい宗教的な恐怖に満ちていた。水を求めて、群衆の前で手を洗ってこう叫んだ。「この人の血について、私には責任がない」（マタイ二七・二四）。彼は手を用いるべきときに手を洗った。血はそう簡単には洗い落とせない。しかし群衆は今やすっかり勝ちほこって、ピラトの躊躇を笑い、あたりをつんざくような声で、「その人の血は、私たちや子どもたちの上にかかってもいい」（マタイ二七・二五）と叫んだ。

189　ピラトはいたく侮辱を感じ、怒って彼らのほうに向き、自分も勝利にあずかろうと決めた。イエスを、もっとはっきり見えるように前へ押し出して、イエスを本当にユダヤ人たちの王とみなしているような嘘を言って、群衆を嘲りだした。「あなたがたの王を、わたしが十字架につけるのか」と問うた。今度は彼らが愚弄の苦痛を感じる番だった。そして大声に言った。「私たちには、カイザル以外に王はありません」と。これがユダヤ人の吐いた本音であるとは！　それは民族の自由と歴史の放棄に等しかった。ピラトは彼らの言葉をそのまま信じて、すぐさまイエスを十字架につけるために渡した。

190　処刑――彼らはイエスを手離すまいとするピラトの手から、自分たちの餌食をむりやりに奪うのに成功した。「彼らはイエスを引き取って連れて行った」（ヨハネ一九・一六～一七参照）。これでやっと憎悪を存分に満足させることができた。イエスを刑場へ急いで連れて行くときにも、彼らの非人間的勝利感がいかに残忍であったかが、いろんな点に表れている。実際の刑の執行者は総督の護衛兵だったが、道徳的意味においては、その行為の責任は完全にユダヤ人指導者たちに帰するものであった。彼らはそれを獄吏の手に任せておけず、イエスの苦しみを見て復讐心を楽しませるために、自尊心をかなぐり捨てて、大まじめに行列の先頭に立った。

191 もう朝の十時ごろになっていたと思われる。官邸の群衆は次第にその数を増していった。議会の議員たちを先頭とするこの恐るべき行列が街々を過ぎていくうちに、多数の者がそれに加わった。その日はたまたま過越の祭りの日だったので、何千ともしれぬ無頼どもが、何かおもしろい騒動が持ち上がらないものかと心待ちにしながら町をぶらついていた。特に、狂信的な指導者たちにたきつけられている者は、皆この刑を見ようとドッと押し寄せてきた。イエスが死に赴かれたのは、残忍な、非情な数万の見物人の真ん中を通ってであった。

192 イエスの受難の場所は、今日でははっきりわからない。それは町の門の外にあり、ふつう、刑の執行される所であったことは明らかである。それは通常カルバリ山と呼ばれているが、そのような名が正しいとする証拠は福音書にはないし、刑が行われたのではないかと思われる丘も付近にはないようである。ゴルゴタ「されこうべの場」という名は頭蓋骨のような小山という意味かもしれないが、あるいはその辺に転がっていた、そこでしょっちゅう起こる悲劇の恐ろしい名残のことを言っているのだとしたほうがもっと適切なのかもしれない。そこは、たぶん広い空地で、大勢の見物人の集まれる所であった。また、人通りの多い往来に面していたようである。というのは、そこで見ている見物人のほかに、他の人でそこを通りかかった人もこの受難者を嘲弄しているからである。

193　十字架の死の恐ろしさは言語に絶するものがあった。それをよく知っていたキケロが言うように、いっさいの刑罰中最も残酷にして恥ずべきものだった。彼は言う。「それをローマ市民のからだに近づけてはならない。否、彼の思いにも、目にも、耳にも近づけてはならない」と。それは、大罪を犯した奴隷や反逆者に対する刑罰であった。生きた人間をそんな位置に吊るすなどという、不自然で忌まわしいことがあろうか。復讐を楽しむために、吹きさらしの場所に虫を釘づけにしてかけておくことからヒントを得て、そういう刑を考えついたものらしい。傷による最初の衝撃とともに最期が来たにしても、やはり恐ろしい死であった。しかし、ふつう受刑者は、手足に食い込んだ釘の燃えるような痛みと、充血した血管の苦しみ、それに最も恐ろしいことには、絶えず激化する堪えがたい渇き、こういう苦痛を受けながら二、三日は生き延びているのだった。苦しい姿勢から逃れるために、体をときどき動かさずにいることは不可能だった。そして体を動かすと、必ずまた堪えがたい苦痛が加わるのであった。

194　しかし、われわれはこの恐ろしい光景から早く目をそらして、イエスがその魂の力、忍従、そして愛によって、どのようにしてこの死の恥辱、残酷、恐怖に打ち勝ったもうたかということ、また真赤に映えた落日が汚い水溜りをも金の楯のように輝かせ、どんなに汚らわしいものでもその光を受ければ燦然《さんぜん》と輝き出すように、いかにして罪の奴隷と邪悪の象徴を、この世で最も清らかな、麗しいものの象徴に変えられたかということ、それを考えたい。十字架上では、頭は自然に下に垂れていたので、足下で何が行われているかを見ることができただけでなく、話をすることもできた。イエスは間を置いて七つの言葉を述べられた。それは今日も伝わっている。それは、われわれが今でもそこからイエスの心の奥底をのぞき込んで、そのとき起こりつつあったことが彼に与えた印象を知ることのできる七つの窓にも比せられよう。それらは、裁判の時の威厳と沈着をイエスがそのまま保っておられたこと、彼の性格をすでに輝かしいものとなしていたあらゆる特質をきわめて鮮やかに示している。禁欲主義者の冷淡な厳格さによってではなく、己れを忘れる愛によって苦しみに打ち勝たれたのだ。十字架の重みに息も絶え絶えにヴィア・ドロローサの道を歩んでおられたときも、エルサレムの娘らとその子らへの心配のあまり、自分の疲労をも忘れてしまわれた。彼らがイエスを木に釘づけしているとき、彼は自分の殺害者のため一心に祈っておられた。はりつけの最初の数時間の苦しみを、罪を悔いる盗人に対する関心と、母に新しい家庭を備えてあげたいという心遣いによって忍ばれた。このときほど、イエスの真骨頂が示されたことはなかった。——利己心のひとかけらもない、他者への奉仕者。

195　彼が深く傷つけられたのも、実にただその愛ゆえであった。その肉休的苦しみは強烈で長かったが、彼の身体諸器官の繊細さが他の人には想像もできない程度に、その苦しみを増したということがないならば、他の多くの人たちが受けた苦痛より大きくはなかった。イエスは五時間以上は生きておられなかった。それがふつうよりあまり短かったので、足を折ろうとした兵士たちは、イエスがすでに息絶えておられるのを知ってびっくりしたほどだった。彼の最大の苦しみは魂の苦悩であった。全き愛の生涯を送りたもうた主、鹿が谷川を慕いあえぐように、愛に渇いておられた主の周囲は、十字架のもとに押し寄せて波しぶきを飛ばしている憎しみと、陰険で、激しく、凄まじい敵意との海であった。彼の魂には何の汚点もなく、清純そのものであり、聖さはその命そのものであったが、罪がみずからをその魂に押しつけ、無理に魂とその汚らわしい接触をもとうとした。だが、その魂はからみついてくるあらゆる糸をかなぐり捨てようとした。サンヒドリンの議員たちはみずから先頭に立って、できる限りのことをして、イエスに侮蔑と憎悪を表そうとし、民衆は忠実に彼らの手本にならった。彼らを、主は抑えがたい愛をもって今まで愛し続け、今もなお愛したもうたのだった。それなのに、どうであろう、彼らはイエスの愛を侮り、つぶし、踏みにじったのだ。民衆の口を通して悪魔は、彼が一生受けられた試練を何回となく繰り返し、イエスがみずからを救い、ご自身のためにそなえられた超自然的力をみせびらかすことによって、国民の信を勝ち取られるようにと仕向けた。顔を激しい怒りにゆがめて、イエスをじっと見つめていた、この興奮のるつぼの中にあった群衆は、さながら人類の悪の縮図であった。イエスの視線は、足下のこの光景に注がれた。その粗暴さ、あわれむべき姿、神への侮辱、人間性の冒瀆、これらはその胸に突きつけられた槍の束にも似ていた。

196　しかし、さらに不思議な苦悩があった。彼の愛に満ちた聖い魂を苦しめたこの世の罪は、彼の近くにいた人たちの罪だけではなかった。その罪は遠くにもあった。――過去の罪、遠くの罪、未来の罪――それがイエスの上に集まった。彼は世界の罪を背負っておられた。神の愛の光の反対面である神のご性格の焼きつくす火が、罪を焼き払おうとして、彼に向かって真っ赤な炎を吐いた。罪を知っておられないイエスが、われらのために罪とされたとき、主を悲しみに渡すことは神のみこころにかなうことであった。

197　これが十字架の恐るべき苦難の秘義であった。約二時間後、イエスは完全に外の世界から退き、御顔を永遠の世界へ向けられた。それと時を同じくして、不思議な暗黒が地の全面を覆い、エルサレムは、来たらんとする運命の暗い影を伴った雲の下でおののき震えた。ゴルゴタには人影がほとんど見当たらなかった。イエスは外の暗黒と内の暗黒との中に、長い間沈黙のうちに吊るされておられたが、ついに、人には思いも及ばないような苦悩の奥底から「エリ、エリ、レマ、サバクタニ（わが神、わが神、どうしてわたしをお見捨てになったのですか）」（マタイ二七・四六、マルコ一五・三四）という悲痛な叫びを発せられた。その瞬間こそ、受難者イエスの魂が、悲哀のどん底に達した瞬間であった。

198　だが暗黒は地を過ぎ去り、太陽が再び輝き始めた。かげっていたイエスの御霊も、その全貌を現してきた。最後の戦いで勝ち取られた勝利の力をふりしぼって、「完了した」（ヨハネ一九・三〇）と叫ばれた。そしていささかも取り乱すことなく、日ごろ愛唱された詩篇の中の一節、「父よ。わが霊を御手にゆだねます」（ルカ二三・四六）を口にしながら息絶えたもうた。

199　復活と昇天――世界で企てられたことの中で、旧約聖書最後の安息日におけるイエスのそれほど、完全に失敗したかに思われたものはない。キリスト教はキリストと共に死し、キリストと共に墓に葬られた。今、われわれは二千年の距離をおいて、石が墓の口へ転ばされるのを見ても、別に感動しないのである。それは、われわれが奇しき神の摂理の中にあって、これから何が起ころうとしているかを知っているからである。だが、イエスが葬られたとき、彼が世界の運命の日の前によみがえられると信じていた人間は、一人もいなかった。

200 ユダヤの指導者たちは、これですっかり満足していた。死が一切の議論に終止符を打つ。そしてそれは、すでにイエスと彼らの間の論争を彼らのほうに有利に解決していた。イエスはメシヤだと主張したが、彼らがそのような主張をする人に期待していた特徴は何一つ見当たらなかった。彼は国民から、これといって重要な承認は受けなかった。弟子は少数で、しかも大した力もなかった。生涯は短かった。そして、もう墓に眠っている。これ以上イエスのことについて考えることがあるか、と指導者たちは思った。

201 弟子たちは失望のどん底にあった。イエスが捕らえられたとき、「弟子たちはみな、イエスを見捨てて、逃げてしまった」（マタイ二六・五六）とある。もっとも、ペテロは大祭司の官邸までついて行ったが、イエスに対して、他の弟子より見苦しい背き方をしたにすぎなかった。ヨハネはゴルゴタまでついて行った。そして最後の瞬間になったら、イエスはメシヤの王位につくために、十字架を降りられるかもしれないというはかない望みを抱いていたが、その最後の瞬間さえ何事もなく過ぎ去った。そのときの弟子たちにとって、失意のうちに帰郷し、ペテン師に従う愚に走ったといって嘲けられ、「きみたちに約束してくださった席はどこにあるのかね」と尋ねられ、再び漁師商売をしながら一生を終わること以外に、何のなすことが残っていたであろう。

202　イエスは前から、ご自身の受難、死、復活を予告しておられたのだが、彼らにはその意味がわからず、後には忘れてしまったか、たとえであろうぐらいに思ったのだろう。それだから、イエスが現実に死なれたとき、それはなんの慰めにもならなかったのである。さて、最初のキリストの安息日に女たちは墓にやって来たが、それは墓が空っぽかどうかを見に来たのではなく、彼が末長く安らかに眠られるように、身体に香油を塗るためだった。マリヤは、イエスがよみがえりたもうたということではなく、死体が取り去られてどこかに持ち去られたということを告げに、弟子たちのところに走って行った。女性たちが他の弟子たちに、いかにして主が彼女たちに姿を現されたかを話して聞かせたとき、「使徒たちにはこの話はたわごとと思われたので、彼らは女たちを信用しなかった」（ルカ二四・一一）と聖書は記している。ヨハネ自身も書いているように、ペテロとヨハネは「イエスが死人の中からよみがえらなければならないという聖書を、まだ理解していなかった」（ヨハネ二〇・九）。エマオへ向かう二人の旅人の「私たちは、この方こそイスラエルを贖ってくださるはずだ、と望みをかけていました」（ルカ二四・二一）という言葉くらい、あわれを誘う言葉があろうか。弟子たちはいっしょに集まって「嘆き悲しんでいた」（マルコ一六・一〇参照）。彼らくらい失望落胆した人はない。

203 だが、われわれは今、弟子たちのその悲嘆を喜ぶことができる。彼らは、われわれが信じるために疑ったのである。ほんの二、三日前には失意のどん底にあったこの人たちが、確信と喜びにあふれ、イエスに対する信仰がよみがえり、キリスト教の事業は、今までにない活気を帯びて再活動し始めたいという事実は、どう説明したらよいのだろうか。それは、彼らが、イエスが復活し、その彼を見たからだ、と言う。弟子たちは、空っぽの墓を訪れた時のこと、また主がマグダラのマリヤや他の女たち、ペテロ、エマオ途上の二人の者、同時に彼らの中の十人、同時に十一人の使徒、ヤコブ、五百人などに現れたもうた次第を告げる。これは信用できるのだろうか。もしそれだけのことだったら、あるいは信用できないかもしれない。しかし、ここで主張されているキリストの復活には、キリスト教の復活が伴っていた。そして、後者は前者によらなくては説明することができない。イエスが、弟子たちの心を、在世中実現しなかったすばらしい夢で満たしたのだという説、また、彼らは一度そのようにすばらしい生活の味をなめたために、元の漁師商売に戻るに戻れず、自分たちだけででも最後までやり通したいと思って、この話をでっちあげたのだという説も成り立つかもしれない。あるいはまた、彼らは復活したイエスについて語るが、それを見たと思っているだけなのではないのかとの説も成り立ち得よう。しかし、注意すべきことは、彼らがイエスへの信仰を回復したときには、だれがみてももはや世俗的目的は追求しておらず、ただひたすら霊的目的を求めていたということ、また、もう王位などは期待しておらず、迫害と死を望んでいたということ、また、それにもかかわらず、弟子たちがいぜんに見せたことのない幅のある理解、奉仕への熱心、未来に対する信仰をもって新しい仕事に専心従事していたということである。キリストが変貌した身体で、死人の中からよみがえられたと同じことが、キリスト教にも起こった。古い肉性は脱ぎ捨てられた。何がこの変化を生んだのであろう。それは復活であり、復活したキリストを見たことだと彼らは言う。しかし、その証言はイエスの復活の証明にはならない。動かすことのできない証拠は、変化そのものである。突然、弟子たちが勇気と希望、信仰と知恵を得、世界の未来に関して、高い正しい理解を持つようになり、教会を創設し、世界の人を回心させ、キリスト教を人々の中に純粋な姿で打ち建てるのに十分な力を得たということの事実である。最後の旧約聖書の安息日とその二、三週間後の、このとてつもない変化が紛れもなく起こったこの時との間には、そのような大きな結果を生むに十分な原因と考えられる事件が何か起こったに相違ない。復活だけがこの問題によく答え、したがっておそらくいかなる証言よりも納得のいく論証となっている。幸いにも、この出来事はそういうふうにして証明することができる。もしキリストがよみがえられなかったなら、われわれの信仰は空しく、もしキリストがよみがえったならば、その奇跡的生涯はことごとく信ずることができよう。なぜなら、復活こそ最大の奇跡だからである。彼が神から遣わされた方であることも明らかになる。なぜならイエスをよみがえらせたのは神であったに違いないからである。また、これは、われわれが永遠の世界の実体を最も確実に知り得る歴史上の一瞬間である。

204　復活後のキリストは、その後も地上にしばらくとどまって、復活の事実を弟子たちに確信させられた。彼らは容易に悟らなかった。使徒たちは、聖なる女たちの知らせを侮って信じなかった。トマスは他の使徒たちによる証言を疑った。イエスがガリラヤの山で姿を現された五千人の中には、おのが目を疑い、御声を聞いてはじめて信じた者もあった。この疑い深い者たちに対処されたときの、イエスのあの優しい忍耐を見れば、身体的にはいくらか様子が変わっていたけれども、心はやはり前と同じであられたことがわかる。これは、彼が栄光のからだで訪ねたもうた場所でも示されたが、その情景はまことに感動的であった。そこはイエスが前にもたびたび行って祈り、教えを宣べ、働き、また苦しまれた所であった。――ガリラヤの山、非常に愛しておられたあの湖、オリーブ山、ベタニヤの村、中でもエルサレム、自分自身の子であるイエスを殺したこの恐ろしい町、だが愛してやまなかった町。

205　しかしながら、イエスがもはやこの下界の者ではないということが、いくつかの点に明瞭に現れていた。その復活した人性には、今までになかった、ご自身と弟子たちとを隔てるような何ものかがあった。マリヤが御足に接吻しようとしたとき、身体に触れてはならないと仰せられた。彼は不思議な仕方で、突然、愛する弟子たちの中に現れ、また突然姿を消された。ただ、ときたま彼らと共におられるばかりで、もう元のように、絶えず親しく交わられることはなかった。ついに、地上にとどまった目的も十分に果たされ、弟子たちも新しい喜びに力づけられて、もろもろの国人に主の御生涯と御業の音信を運ぶ準備ができたので、復活後四十日目に彼の栄光の身体は、それが本来あるべき世界へと移された。

結　語

206　生命は、それをしばしの間可視的な状態にしておく肉体が地表から消滅しても、この世限りで終わるのではない。それは、次第に拡がっていく人類の流れの中に投ぜられ、そこでその全力をあげて永遠の営みを続ける。実際、だれに限らず、その人の真の偉大さは、この死後の生活が示すその人の過去によってのみ測り知ることができる。キリストにしてもそうだった。福音書に書かれてあるわずかばかりの記事からは、彼の生命が終わったかに見えたとき、その生命から創造的な力が、突如として出てきたということを知ることはできない。今日の世界に与えたキリストの影響が、彼がいかに偉大であったかを証明する。結果相応の原因があったはずだからである。それは人間生活の全領域を覆い、精神の泉から湧き出す力によって、人間性を限りなく豊かにした。大陸の中央部を流れる大河が、途中のおびただしい山々から流れ出る小川を吸集するように、他のすべての影響をそれ自体の中に飲み込んだ。そしてその質は、その量よりはるかにすぐれたものであった。

207　だが、キリストがどういう人間であったかを示す最も重要な証拠は、近代文明の一般的歴史の中にも、目に見える教会の公式の歴史の中にも見いだすことはできないのであって、キリスト以来あらゆる時代を通じて、キリストに触れるために、つながれた手を伸ばして、純粋な信仰を味わった者たちの体験の中にこそ見いだすことができる。自分自身と世界から彼によって贖われた無数の人の魂の体験は、キリストの出現によって歴史が二つに分かれたことを証明する。彼はふつうの凡人の中の一人ではなく、人類がみずからは生み出し得なかった人、完璧な姿、理想の人だった。聖なる実在者の聖と自己の罪深さとを二つながら深く意識し、しかもなお聖なる生活への最も力強い原動力である、神との平和を得た無数の人の良心の体験は、この時代の真ん中において、罪ある人間を聖い神と一つとする和らぎのわざがなされたことを証明する。キリストのお言葉によってきよめられた目には、神は暗いところが全然ないと言われるほど完全に光でありたもうが、この神の姿によって祝福された無数の人の心の体験は、永遠者からの世界への最後の啓示が、みずからが神以下の者ではあり得なかったほどに神をよく知っていたお方によって与えられたことを証明している。

208　歴史におけるキリストの生涯は、終わることがない。彼の感化はいよいよ増し、まだキリストを知らない死せる民はそれが届くのを待っている。それは新しい世界の建設に熱心に励んでいる人々の希望である。近代世界のいっさいの発見、人類のより正しい理念、より高い力、より繊細な感情の発達は、いずれも彼を解釈するための新しい手立てにすぎない。また、日々の生活を彼の理想と彼の人格の水準にまで高めることこそ、人類に与えられた課題である。

訳者あとがき

本書は訳者の最初の出版作品で、いのちのことば社から昭和三十四年（一九五九年）、東京教育大の英米文学科三年生の時に出版してもらった。その後も何度か再刷され、在庫も尽きたにもかかわらず、すでに二〇〇〇年にリパブックスとして出版されていたものを、再度出版するにあたり、訳文をもう一度見直す機会を与えられた。初版の時は四〇〇字詰めの原稿用紙に手書きだった。検討を進めていくうちに、コンピューターで訳文を改訂できたらずいぶん手が省けることがはっきりしたので、いのちのことば社のご厚意に甘えて印刷されたものを最新のＯＣＲ（光学文字認識）という技術を駆使してコンピューターの画面上で読め、処理できるファイルに変換してメールで届けてくださった。おかげで何十時間という手作業が省け、隔世の感がある。この場をお借りしていのちのことば社の長沢さんにお礼申し上げたい。

翻訳書の原本は一八九一年発行の改訂版であるが、原著のみならず、各国語訳も今なお読み継がれていることは、本書のもつ魅力によるのであろう。著者ストーカーの透徹した聖書理解もさることながら、本書の扱っているお方の、地上でのわずか三十三年の生涯がその後の人類の歴史に及ぼした影響、今なお続くその絶大な影響を物語っているのであろう。今回も本書を読み直しながら、訳者が故郷の鹿児島県の片田舎で、米人宣教師故チャンドラー師の書斎から借り出して最初に読んだ時と同じく、主イエス・キリストのご性格と、教え、人の子として地上に来て私のために命を投げ出してくださり、そして復活して、今なお私のごときをも覚えていてくださるそのご愛に圧倒された。「V. Chandler」と内扉に判子を押した原著を手にしながら、ひときわ懐かしさがこみ上げてくる。

原著の十九世紀後半の英語は高校生の私には手強かったらしく、二、三か所誤訳も見つかった。また、訳文が日本語としてこなれていないようなところもままあり、かなり手を入れた。読者のご要望にどこまで応えているか覚束ないものの、できるだけの努力は試みた。初版の時は妹の民子、廸子に原稿清書の労を執ってもらったのだったが、今回はその手間は省け、改訂原稿のプリントアウトを妻の桂子に入念に目を通してもらった。

二〇一五年七月

オランダ　ウーフストヘーストにて

村岡崇光

ジェームズ・M・ストーカー　James M. Stalker

1848年、スコットランドのクリーフ（Crieff）に生まれる。エディンバラ大学、並びにスコットランド教会のエディンバラ・ニュー・カレッジに学び、1874年、牧師として任命されて、カーコーディ（Kirkaldy）の聖ブライスデイル（St. Brycedale）教会に赴任、1887年、グラスゴーの聖マタイ教会に転任。1902年から1924年の退職まで、スコットランドのアバディーン・カレッジの教会史ならびに倫理学教授を歴任。1927年2月6日没。著書には、処女作『キリスト伝』（1879）、『キリストの姿（*Imago Christi*）』（1891）、『キリストの最期』（1894）、『七つの致命的な罪（*The Seven Deadly Sins*）』（1901）など多数。説教者として名声を博した。

村岡崇光（むらおか・たかみつ）

1938（昭和13）年広島市生まれ。鹿児島県大口高校卒業、高校時代に米人バプテスト宣教師チャンドラー師に導かれて、キリスト教に入信、東京教育大学（筑波大学の前身）に入学、英語・英文学専攻。そこで、故関根正雄教授の薫陶を受け、大学院言語学科に入学、博士課程在学中にイスラエル政府奨学金を給せられ、1964（昭和39）年エルサレムのヘブライ大学に留学、故C. Rabin教授に出会い、同教授の指導の下に完成した聖書ヘブライ語構文論上の問題を扱った論文で博士号を1970年に取得。以後、英国マンチェスター大学中近東学科セム語学講師（1970–80年）、オーストラリアのメルボルン大学中近東学教授（1980–91年）、オランダのライデン大学ヘブライ語学教授（1991–2003年）を歴任。その間、聖書語学（ヘブライ、ギリシャ、アラム、シリア等）と旧約聖書の本文批評に関して、主として英語による著書・訳書31点、その他、学術論文、書評等多数。2003年、定年退職後は、専門の学術研究を継続するかたわら、妻桂子に伴われて、日本人クリスチャンとしての立場から、前世紀日本の犠牲となったアジア諸国に、1年に少なくとも5週間は赴いて、現地の大学、神学校等で専門の科目を無償で講じる。2006年、エルサレムのヘブライ語アカデミーの名誉会員に選出される。息子二人、娘一人。

新版　キリスト伝

1959年7月1日　発行
2015年9月20日　新版発行

著　者　ジェームズ・M・ストーカー
訳　者　村岡崇光
印刷製本　シナノ印刷株式会社
発　行　いのちのことば社

〒164-0001 東京都中野区中野2 1 5
電話 03-5341-6922（編集）
03-5341-6920（営業）
FAX03-5341-6925
e-mail:support@wlpm.or.jp
http://www.wlpm.or.jp/

ISBN978-4-264-03446-9